구입 문의 1577-3537
www.niefather.com

초등학생 영역별 필독서 36권 선정(1~3호)
책마다 전체 내용 요약 지문과 심층 질문 7개씩 제시

(주)이태종 NiE 논술연구소

토론 논술 감상문까지 OK!

초등학생 문해독서 초급 3호

행복한 논술 편집부 엮음

- 곰팡이 수지
- 긴긴 겨울잠에 폭 빠진 동물들
- 물은 어디서 왔을까?
- 숨쉬는 항아리
- 용돈으로 집을 지은 돼지 삼 형제
- 짜장 짬뽕 탕수육
- 다다다 다른 별 학교
- 칭찬 한 봉지
- 쿵쿵이는 몰랐던 이상한 편견 이야기
- 파랑새
- 절대로 실수하지 않는 아이
- 괴물 예절 배우기

독서를 지도하시는 분
심층 독서가 필요한 학생을 위한 책!

잎싹은 닭장에 갇힌 채 병아리가 될 수 없는 무정란만 낳다가 죽을 운명이다. 그런 잎싹이 알을 품어 병아리를 갖고 싶은 꿈을 꾼다. 꿈을 이루려면 닭장을 나와 수탉과 함께 지내야 한다. 주어진 상황만 놓고 보면 이룰 수 없는 꿈이다. 『마당을 나온 암탉』(황선미 지음, 사계절 펴냄)의 줄거리다.

잎싹은 주인이 주는 먹이를 배불리 먹고 알만 많이 낳으면 된다. 그런데 왜 불가능한 꿈을 꿨을까. 대다수는 주어진 삶에 안주하고 도전하기를 꺼린다. 잎싹의 이러한 모습은 아무런 꿈도 없이 사는 사람들에게 자기 점검의 기회가 된다. 『문해독서』는 '지은이가 왜 주인이 주는 먹이를 배부르게 먹고 알만 낳으면 되는 잎싹에게, 알을 품고 새끼를 키우는 불가능한 꿈을 꾸게 만들었나?'를 묻는다. 도전의 중요성을 일깨우기 위한 질문이다. 불가능을 가능하게 만드는 것이 도전의 힘이다. 인류에게 도전 정신이 없었다면 비행기나 자동차는 지금도 나오지 못했을 것이다. 문제는 도전해서 꿈을 이루는 과정이 험난하다는 데 있다. 꿈을 꾸고 도전하면 온 우주가 돕는다는 말이 있다. 잎싹은 우여곡절 끝에 닭장을 나오는 데까지는 성공한다.

잎싹이 볼 때 이상향이던 마당은 레드오션이다. 마당의 식구들이 잎싹을 받아 주지 않고 냉대한 까닭을 『문해독서』가 물은 이유가 여기에 있다. 꿈을 이루기까지는 현실의 진입 장벽이 너무 높아 좌절이 크다는 사실을 보여 주려는 질문이다. 어느 사회나 기득권층이 있다. 신참자가 등장하면 여지없이 경쟁의식과 차별을 두려는 특권 의식이 작동한다. 기득권층처럼 지키려고만 들면 문화나 경제 모두 지체 현상이 벌어진다. 『문해독서』는 이러한 사실을 알리기 위해 마당에서 누리는 사람들처럼 자기가 이룰 수 있는 꿈만 꾼다면 사회에 어떤 영향을 미칠지 물어본다.

잎싹은 진입 장벽에 가로막혀 결국 새로운 세상을 개척해야 한다. 아무도 가지 않은 길이어서 이정표도 없고 나침판도 없다. 한 발자국만 잘못 옮겨도 낭떠러지다. 안전한 마당을 떠난 잎싹은, 다른 동물들에게 따돌림을 당하고 족제비에게는 생명의 위협까지 받는다. 그래도 잎싹에게는 자기 꿈대로 살 수 있는 행복이 있다. 『문해독서』는 다시 '닭장에서 사는 암탉', '마당에서 사는 암탉', '마당을 떠난 암탉' 가운데 나라면 어떤 닭이 되어 살고 싶은지 질문한다.

잎싹은 마침내 알을 품어 새 생명을 탄생시키는 꿈을 실현한다. 하지만 스스로 낳은 게 아니라 주인을 잃은 청둥오리의 알이다. 잎싹은 집도 없이 떠돌면서 아기 오리 초록머리를 정성껏 돌봐 멋진 청둥오리로 성장시킨다. 나중에는 초록머리를 야생 청둥오리 무리에게 떠나보낸다. 그 뒤 늙고 지친 잎싹은 족제비에게 잡혀먹히고 도전은 끝난다.

잎싹은 꿈을 이룬 것일까. 자신의 꿈을 원래의 설계대로 실현시키는 사람은 드물다. 삶은 정해진 운명대로 가는 것이 아니기 때문이다.『문해독서』는 그 즈음에 '잎싹은 꿈을 이뤘다'는 주제로 찬반 토론을 하도록 제시한다. 토론을 하면서 삶이란 목표를 이루기 위해 도전하는 과정의 연속이며, 결과가 어떠하든 존중을 받아야 한다는 사실을 깨닫도록 하기 위함이다.

잎싹이 초록머리를 청둥오리 무리에게 떠나보냈는데, 초록머리를 보낸 선택이 옳은지 자기 의견을 밝히는 문제도 낸다. 잎싹에게 목숨을 건 도전을 통해 남은 결과물은 초록머리뿐이다. 그런데도 미련 없이 되돌려 준다. 돈이든 지식재산이든 삶에서 얻은 결과물은 마지막까지 소유하고 싶은 욕망을 놓지 못하는 것이 사람의 마음이다. 기득권층이 마당을 끝까지 사수하려고 드는 이유다. 따라서 지속 가능한 삶을 위해 미래 세대에 대한 책임 의식을 심어 주기 위한『문해독서』의 물음인 것이다.

『문해독서』는 결론적으로 '저학년 때는 꿈이 백만 개나 되는데, 고학년이 되면서 한 반에서 셋 중 한 명은 꿈이 없다'는 내용의 신문 기사를 제시한다. 그리고 '어른이 되면 가지고 싶은 직업 또는 이루고 싶은 꿈을 한 가지만 구체적으로 정한 뒤, 지금 어떤 노력을 기울여야 이룰 수 있을지 자신을 점검하라.'고 질문을 맺는다.

『마당을 나온 암탉』은 꿈이 없는 시대를 사는 어린이들에게 가장 소중한 꿈과 도전, 미래 세대에 대한 책임 의식을 불러일으키려고 다뤘다.『문해독서』가 선정한 책들은 이처럼 신문 기사와 접목해 현실에 바탕을 두고 치밀하면서도 융합적 시각으로 접근했기 때문에 독서 토론의 새로운 이정표가 될 수 있다. 예를 들어『흥부전』에서는 노동이 없는 소득에 세금을 많이 부과해야 하는 까닭, 흥부의 다자녀 정신과 노블레스 오블리주 정신이 현대에 필요한 이유, 박을 한 번 타고 그쳤으면 나왔을 텐데 마지막 박까지 타서 목숨을 잃을 위기에 빠진 놀부의 투기 심리와 카지노 폐인을 연계한 문제까지 철저하게 경제적 시각에서 조명한다. 각 호에 들어 있는 12권의 책을 이처럼 융합적 방식으로 읽으면 고전을 통해 세상을 보는 지혜의 눈이 뜨일 것이다.

『문해독서』는 초등학생용 시사논술 월간지 '행복한 논술'이 10년 넘게 개발한 신개념 독서 프로그램이다. 이들 책에는 4차 산업혁명 시대의 초등학생이라면 갖춰야 할 다양한 영역의 배경 지식과 지혜가 담겨 있다. 선정한 책마다 독서의 방향성과 지식의 확장성을 뒷받침할 수 있는 전체 내용 요약 지문과 급별로 7~8개의 심층 질문을 제시한다. 마지막 심층 질문은 시사와 연계해 토론과 논술이 가능하도록 해서, 융합적 사고력과 문제 해결 능력을 키울 수 있다. 한 권의 책을 읽어도 뚫어지게 읽으면서 평생의 자양분으로 삼으면 좋겠다.

행복한 논술 편집부

차례 보기

과학	01 『곰팡이 수지』 **곰팡이는 두 얼굴을 가졌어요**	7
	02 『긴긴 겨울잠에 폭 빠진 동물들』 **동물은 왜 겨울잠을 잘까**	15
	03 『물은 어디서 왔을까?』 **쓰고 버린 물이 돌고 돌아 다시 내게로 와**	23
문화	04 『숨쉬는 항아리』 **사라지는 우리 문화를 지켜요**	31
기타	05 『용돈으로 집을 지은 돼지 삼 형제』 **용돈은 계획을 잘 세워서 써야 해**	39
국내 문학	06 『짜장 짬뽕 탕수육』 **친구와 사이좋게 지내는 방법**	47

07	『다다다 다른 별 학교』 다른 점 존중해야 친구 잘 사귈 수 있어	55
08	『칭찬 한 봉지』 다른 사람과 소통하는 방법 배워야	63
09	『쿵쿵이는 몰랐던 이상한 편견 이야기』 편견은 쉽게 생기지만 노력하면 없앨 수 있어	71
세계 문학 10	『교과서 속 세계 명작 파랑새』 틸틸과 미틸이 들려주는 파랑새의 진짜 모습	79
11	『절대로 실수하지 않는 아이』 실수하면 어때… 도전해야 배울 수 있어	87
12	『괴물 예절 배우기』 예절을 잘 지키면 서로가 기분 좋아	95

답안과 풀이   103

☞ 지침서는 행복한 논술 홈페이지(www.niefather.com) 자료실에서 내려받으실 수 있습니다.

01 과학 곰팡이는 두 얼굴을 가졌어요

『곰팡이 수지』

레오노라 라이틀 지음, 위즈덤하우스, 28쪽

 줄거리

　곰팡이는 어둡고 축축한 지하실이나 욕실에서 자주 볼 수 있습니다. 벽을 더럽히고 음식을 상하게 해서 사람들은 지저분하다며 싫어하지요. 그런데 곰팡이가 없으면 세상에는 어떤 생명체도 살 수 없답니다. 곰팡이는 죽은 것을 잘게 부숴 새로운 생명이 탄생하도록 돕거든요. 맛있는 요리를 만들 수 있도록 하고, 사람들의 병을 낫게도 한답니다.

본문 맛보기

곰팡이는 자연을 청소하는 일 맡아

▲곰팡이는 습기가 많은 곳을 좋아한다. 곰팡이를 현미경으로 관찰한 모습.

▲곰팡이가 나뭇잎과 나뭇가지에 피어서 흙으로 돌아가는 모습.

(가)안녕! 나는 곰팡이 수지야. 우리는 주로 청소하는 일을 해. 땅에 떨어진 열매, 이파리, 솔잎 같은 것을 최대한 잘게 부순 뒤에 다시 흙으로 만들어. 통째로 쓰러진 나무도 마찬가지야. 그리고 나는 내가 갈 수 있는 곳이라면 어디든 가.

너희 집 음식물 쓰레기통에서도 정말 열심히 일을 해. 너희가 잠시만 한눈을 팔아도 우리는 어느새 일을 하고 있을 거야. 예를 들면 냉장고 같은 곳에서 말이야. 우리가 일을 시작하면 음식이 아주 멋진 색으로 변해. 하지만 색이 변한 음식을 먹으면 배탈이 나서 먹을 수는 없어.

우리는 약간의 물만 있으면 일할 수 있어. 목욕탕 바닥에 물을 뿌려 놓거나, 환기를 하지 않거나, 상자를 벽에 바짝 붙여 두는 것도 좋아. 그러면 축축한 공기가 모여 우리가 일을 하는 데 도움이 돼. (2~3, 5~7쪽)

본문 맛보기

환경이 너무 건조하면 휴식 상태로 들어가

(나)우리는 환경이 너무 건조해지면 휴식 상태로 들어가서 환경이 좋아질 때까지 기다려. 오래된 묘지나 무너진 동굴에서도 수천 년을 견딜 수 있지.

우리는 무언가를 썩게 만드는 걸 전문으로 하는데, 정반대의 일을 하는 곰팡이도 있어. 음식물이 썩지 않도록 보호하지. 이런 곰팡이들은 대부분 치즈를 만드는 전문가야. 우유에 섞여 좋은 냄새가 나게 만들어. 그래서 사람들은 이 친구들을 유용한 곰팡이라고 불러. 쓸모가 있는 곰팡이라는 뜻이야. 푸른 곰팡이가 치즈에 피면 하얗고 복슬복슬한 솜털이 생겨. 이 솜털에는 균을 죽이는 강력한 힘이 있지. 이 푸른곰팡이를 약으로 썼는데, 바로 페니실린이야.

▲치즈에 핀 푸른곰팡이는 사람에게 이로운 곰팡이로, 치즈 맛을 강하고 진하게 해 준다.

발가락 사이나 엉덩이처럼 보드랍고 축축한 곳에 피는 곰팡이도 있어. 이런 곳이 가렵다면 피부에 곰팡이가 피었다는 뜻이야. (16~17, 20쪽)

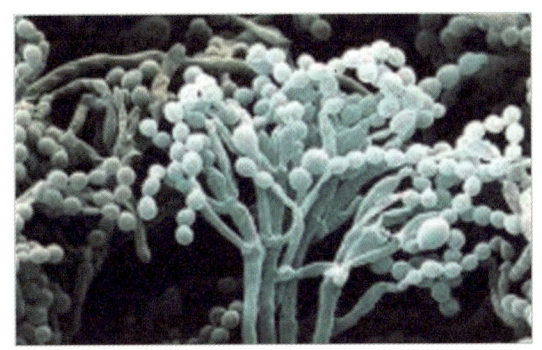
▲페니실린의 원료가 되는 푸른곰팡이.

이런 뜻이에요

페니실린 해로운 세균에 감염되어 걸린 병을 치료하는 약물. 영국의 미생물학자인 알렉산더 플레밍(1881~1955)이 1928년 푸른곰팡이로 만들었다.

생각이 쑤욱

1 우리 집에서 곰팡이가 좋아하는 곳을 찾아보세요.

☞ 곰팡이는 습기를 좋아합니다.

▲욕실 타일 사이에 곰팡이가 핀 모습.

머리에 쏘옥

곰팡이는 자연의 청소부

곰팡이는 공중에서도 살고, 물이나 흙 등 지구의 어느 곳에서나 산답니다.

곰팡이는 생명체를 포함해 자연의 모든 물체를 분해해서 흙으로 돌아가게 합니다.

하지만 옷에 곰팡이가 피면 올이 약해져 쉽게 해집니다. 빵이나 떡 같은 음식에 생기면 배탈을 일으키기 때문에 먹지 말아야하지요.

풀이나 나뭇가지에 생기면 썩어서 흙으로 돌아갑니다. 곰팡이가 없다면 모든 물건이 썩지 않고 그대로 남아 있겠지요. 그러면 지구는 금세 쓰레기장으로 바뀌어 사람이 살 수 없을지도 몰라요.

2 곰팡이가 하는 일 가운데 사람에게 이로운 일과 해로운 일의 예를 세 가지씩 말해 보세요.

이로운 일	해로운 일

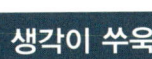

생각이 쑤욱

3 자연에서 곰팡이가 모두 사라지면 어떤 일이 벌어질까요?

▲곰팡이가 없으면 지구는 쓰레기장으로 바뀐다.

4 발가락이나 엉덩이 등 사람의 몸에 곰팡이가 생기지 않도록 하려면 어떻게 해야 하나요?

머리에 쏘욱

몸을 씻은 뒤 말려야 곰팡이 안 생겨

곰팡이는 특히 발이나 사타구니 등 습기가 많은 곳에 생기기가 쉽습니다. 따라서 이런 곳은 씻고 나서 수건으로 꼼꼼히 닦고, 드라이기로 천천히 말리면 곰팡이가 생기지 않습니다.

발은 잘 씻어도 곰팡이가 생길 수 있는데, 눅눅한 신발 안에 핀 곰팡이 탓입니다. 그러니 습기가 생기지 않게 신발을 햇볕에 말린 뒤 신문지 등을 넣어 보관하면 됩니다.

▲습기가 생기지 않게 운동화 안에 종이를 넣은 모습.

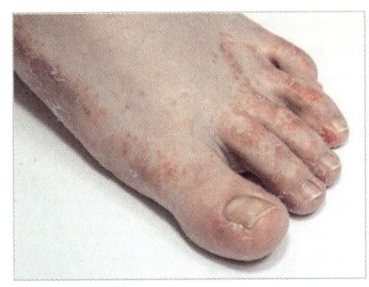

▲곰팡이가 피어 염증(작은 상처)이 생긴 발.

생각이 쑤욱

5 (나)의 밑줄 친 부분을 참고해, 낡고 오래된 물건을 함부로 만지면 안 되는 까닭을 말해 보세요.

▲옛날 무덤을 발굴할 때는 마스크를 써야 한다.

6 (나)의 치즈처럼, 우리나라 음식 가운데 곰팡이가 맛있고 영양이 풍부하게 만들어 주는 된장이 있습니다. 아래 사진을 보고 된장찌개를 어떻게 만드는지 실감나게 소개하세요.

머리에 쏘옥

무덤 속 미라에 숨어 있던 곰팡이

오래된 무덤을 열어 그 안에서 일을 하다가 갑자기 죽는 사람들이 생겼습니다.

과학자들이 그 원인을 밝혀냈는데, 곰팡이 때문이었습니다. 수천 년 전에 만든 미라에서 사람에게 해로운 곰팡이(포도상구균)가 발견되었거든요.

이러한 곰팡이는 독성이 강해 병에 저항하는 면역력이 약한 사람이 들이마시면 숨을 제대로 쉬지 못하게 되어 숨질 수 있습니다.

곰팡이는 이처럼 오랜 세월이 지나도 사라지지 않는 끈질긴 생명력을 지녔답니다.

▲오래된 무덤 안의 벽화에 곰팡이가 거뭇거뭇하게 피어 있다.

7 '나는 곰팡이 같은 사람이 되고 싶다'를 주제로 오늘의 일기를 써 보세요(200~250자).

> 지구에 사는 곰팡이는 25만 가지가 넘는다. 하지만 지금까지 절반도 발견하지 못했다. 곰팡이는 죽은 나무와 벌레 등을 잘게 만들어 흙으로 돌아가게 한다. 이렇게 만들어진 흙은 영양분이 풍부하고 알갱이가 고와서 식물의 뿌리가 잘 흡수할 수 있다. 국이나 찌개에 넣어 먹는 버섯도 곰팡이다. 곰팡이는 덥고 습기가 있는 곳을 좋아한다. 그런데 냉장고처럼 온도가 낮거나 사막처럼 습기가 없는 곳에서 살기도 한다.
>
> <신문 기사 참조>

▲외국에서 우리나라에 들여오는 식물을 검사하는 과정에서 검역관들이 찍은 곰팡이의 현미경 사진.

동물은 왜 겨울잠을 잘까

02 과학

『긴긴 겨울잠에 폭 빠진 동물들』

미셸 프란체스코니 지음, 개암나무 펴냄, 44쪽

 **줄거리**

다람쥐와 고슴도치, 박쥐 등 겨울잠을 자는 동물을 소개하고, 겨울잠을 자는 까닭을 알려 줍니다. 추운 겨울이 오면 기온이 떨어지고 먹이를 구하기 어려워지지요. 그러면 동물은 에너지 소비를 줄이기 위해 겨울잠을 자면서 견딥니다. 겨울잠을 자는 동안 박쥐는 심장이 1분에 다섯 번만 뛰고, 고슴도치는 한 시간이나 숨을 쉬지 않아도 살 수 있답니다. 과학자들은 겨울잠을 자는 동물의 몸의 변화를 밝혀 사람들에게 이로움을 주기 위해 겨울잠을 연구하고 있답니다.

본문 맛보기

춥고 먹이 구하기 어려워 겨울잠 자

▲왼쪽 위부터 시계 방향으로 땅굴을 파고 겨울잠을 자는 마르모트, 나무 속이나 바위틈에 들어가 겨울잠을 자는 다람쥐, 동굴 천장에 매달려 겨울잠을 자는 박쥐, 낙엽으로 보금자리를 만들어 겨울잠을 자는 고슴도치.

(가)동물은 겨울이 오면 기온이 크게 떨어지고 눈이 와서 먹이를 구하기 어렵습니다. 그래서 계절의 변화에 맞춰 살 방법을 찾아야 해요. 따뜻한 나라를 찾아 날아가는 새도 있고, 겨울잠을 자는 동물도 있답니다.

겨울잠을 자는 동물은 잘 움직이지 않습니다. 겨울이 되면 먹을 것이 부족해져 에너지를 얻기 어렵기 때문이죠. 그래서 먹이를 덜 먹고 덜 움직이는 쪽으로 발달해 겨우내 잠을 자기로 한 것이죠.

마르모트와 다람쥐, 고슴도치, 박쥐 등 동물은 겨울잠을 자는 대표적인 동물입니다. 마르모트는 겨울이 오기 전에 열매와 씨앗, 곤충을 많이 먹어서 순식간에 살이 찐답니다. 이렇게 하면 두 달 동안 몸무게가 두 배쯤 늘지요. 추운 겨울에 체온을 유지하려면 에너지를 써야 하거든요. (1, 4~8, 12쪽)

이런 뜻이에요
마르모트 몸길이는 30~50센티미터의 초식 동물. 굴을 파고 살거나 바위틈에서 산다.

본문 맛보기

에너지 덜 쓰려고 체온 떨어지고 호흡 느려져

▲다람쥐와 뱀, 고슴도치 등은 겨울잠을 자지만, 여우는 자지 않는다. 날씨가 추워지면 여우는 털갈이를 하는데, 새로 난 털이 촘촘해서 먹이 활동을 하는 데 춥지 않기 때문이다.

(나)동물들은 겨울잠을 자면서 에너지를 덜 쓰려고 체온을 낮추거나 심장 박동 수를 줄입니다. 박쥐는 1분에 500번 뛰던 심장이 12번으로 줄어요. 고슴도치는 한 시간이나 숨을 쉬지 않아도 괜찮아요.

동물은 겨울잠을 자는 동안 뇌의 활동이 멈춰서 혼수 상태에 빠진 것처럼 보입니다. 잠에서 깬 동물은 체온이 오르고 몸의 기능도 되찾습니다. 심장 박동도 빨라지며, 숨도 빨리 쉬지요.

하지만 병에 걸린 사람의 뇌는 정상으로 되돌아오기 어렵습니다. <u>과학자들은 사람에게 도움을 주기 위해 동물의 겨울잠을 연구하고 있습니다.</u> 겨울잠을 자는 동물처럼 사람의 체온을 낮추면 피를 흘리지 않고 수술할 수 있지요. 긴 시간 우주 여행을 할 때도 소비되는 음식과 산소의 양을 줄일 수 있습니다. (12~13, 15~16, 31~36쪽)

이런 뜻이에요

혼수 상태 눈을 뜨지 못하고, 말도 하지 못하는 상태. 어떤 자극에도 반응하지 않는다.

생각이 쑥

1 마르모트가 겨울잠을 자기 전에 먹이를 많이 먹어 몸무게를 늘리는 까닭은 무엇인가요?

▲마르모트는 가을에 먹이를 많이 먹어 몸무게를 늘려야 겨울잠을 자면서 먹이를 먹지 않을 수 있다.

머리에 쏘옥

체온 유지 위해 음식 먹어

곰과 다람쥐, 마르모트, 고슴도치 등은 사람과 마찬가지로 기온이 떨어져도 정해진 체온을 똑같이 유지해야 살 수 있습니다.

체온을 유지하려면 음식을 먹어서 열을 내야 하지요. 그런데 겨울에는 먹이를 구하기가 쉽지 않아 체온을 유지하기 어렵습니다.

그래서 마르모트는 겨울잠을 자기 전에 먹이를 많이 먹어 살을 찌웁니다. 그래야 겨울잠을 자는 동안 먹이를 먹지 않아도 체온 유지에 필요한 에너지를 쓸 수 있기 때문이죠.

다람쥐의 경우 몸집이 작아서 겨울잠을 자기 전에 먹이를 많이 먹어도 체온을 유지하기 어렵습니다. 그래서 겨울잠을 자다가 깨서 모아 두었던 밤이나 도토리를 먹은 뒤 다시 잠이 든답니다.

2 산에 갔다가 돌아올 때 밤이나 도토리를 주워 오면 안 되는 까닭을 말해 보세요.

▲다람쥐는 밤과 도토리를 먹고 산다.

생각이 쑤욱

3 박쥐는 겨울잠을 잘 때 몸에서 어떤 변화가 일어날까요?

▲박쥐는 겨울에 동굴에서 겨울잠을 잔다.

머리에 쏘옥

겨울잠 자는 박쥐의 몸의 변화

개구리나 뱀은 주변 온도에 따라 체온이 변합니다. 이런 동물을 변온동물이라고 합니다.

변온동물은 겨울에 체온을 조절하지 못하기 때문에 체온이 떨어져서 얼어 죽습니다. 그래서 심장 박동 수를 줄이거나 숨을 거의 쉬지 않고, 바깥 온도보다 따뜻한 곳에서 겨울잠을 자면서 겨울을 납니다.

박쥐도 변온동물이라서 겨울에는 동굴 등 따뜻한 곳에서 거꾸로 매달린 채 겨울잠을 잡니다. 자는 동안 두 날개로 몸을 감싼 채 에너지를 덜 쓰려고 심장의 박동 수를 떨어뜨립니다.

4 (나)의 밑줄 친 부분에서, 동물의 겨울잠을 연구하면 사람에게 어떤 도움을 줄 수 있을까요?

▲우주인은 시간이 오래 걸리는 우주 여행을 하는 동안 우주선에서 잠을 자며 지낸다.

생각이 쑤욱

5 동물원에서 사는 곰이나 가정에서 키우는 고슴도치가 겨울잠을 자지 않는 까닭을 추측해 보세요.

▲동물원에서 사는 곰은 먹이가 충분하기 때문에 겨울잠을 자지 않는다.

머리에 쏘옥

동물원의 곰이 겨울잠을 자지 않는 까닭

동물원의 동물은 겨울이 되어도 겨울잠을 자지 않습니다. 먹이가 늘 충분하게 주어지기 때문이지요. 그리고 곰이 생활하는 인공 바위에도 열선을 연결해 따뜻하게 해 줍니다. 우리 안도 따뜻하게 유지되어 추위를 느끼지 못합니다.

가정에서 키우는 고슴도치도 항상 먹이가 충분하죠. 그리고 따뜻한 실내에서 지내기 때문에 겨울잠을 잘 필요가 없답니다.

6 동물의 겨울잠에 대해 동시를 짓고, 그림을 그려 엽서를 꾸며 보세요.

겨울잠

신경림

잠자면서 쑤욱 쑤욱
꿈꾸면서 쑤욱 쑤욱
곰돌이도 쑤욱 쑤욱
개구리도 쑤욱 쑤욱
참나무도 쑤욱 쑤욱
눈사람도 쑤욱 쑤욱
모두 모두 쑤욱 쑤욱
잠자면서 쑤욱 쑤욱

생각이 쑤욱

7 아래 글을 읽고, 반달곰이 겨울잠을 자지 못하면 어떤 문제가 생기며, 사람들이 반달곰의 겨울잠을 방해하지 않으려면 어떻게 행동해야 하는지 말해 보세요(200~250자).

반달곰은 겨울에 산속으로 들어가 바위굴이나 나무 그루터기 아래 등에서 겨울잠을 잔다. 따라서 산에 오를 때 정해진 등산로를 따라 다니면 반달곰과 마주칠 가능성이 적다. 하지만 '야호' 하고 소리를 지르는 등 소란을 피우면, 반달곰이 놀라 겨울잠에서 깰 수 있다. 겨울잠에서 깬 반달곰은 먹이를 구하지 못해 굶어 죽을 수도 있고, 사람을 만나면 놀라서 공격할 수도 있다.

▲반달곰이 겨울잠을 자고 있다.

<신문 기사 참조>

03 과학 | 쓰고 버린 물이 돌고 돌아 다시 내게로 와

『물은 어디서 왔을까?』

신동경 지음, 길벗어린이 펴냄, 32쪽

줄거리

물은 사람에게 꼭 필요합니다. 목이 마를 때 마시거나 목욕을 해서 건강을 유지할 수 있지요. 씨앗도 물이 있어야 싹을 틔우고, 나무와 풀이 되어 쑥쑥 자랄 수 있습니다. 개구리와 도롱뇽은 빗물이 고인 웅덩이에 알을 낳습니다. 이처럼 물은 지구의 모든 생명이 살아가는 데 꼭 필요합니다. 생물에게 필요한 물이 어떻게 우리 집 수도꼭지에서 흘러나오는지 과정을 보여 줍니다. 물이 내 몸을 떠나 어떻게 다시 나에게로 돌아오는지도 알 수 있지요.

내가 쓰는 물은 내가 버린 물

(가) 물은 쓰이는 곳이 많아. 아침에 일어나서 세수할 때 쓰지. 변기에 눈 똥을 씻어 내릴 때, 밥을 지을 때도 물이 있어야 해. 화분에 심은 식물도 물을 주어야 자라지.

그런데 네가 쓴 물은 어디서 났니? 수도꼭지를 열면 물이 콸콸 쏟아진다고? 그럼 수도꼭지에서 나오는 물은 어디에서 온 걸까? 물은 아주 먼 길을 돌고 돌아 너한테 온 거야.

▲학교나 집의 수도꼭지에서 나오는 물은 강물을 깨끗하게 걸러 낸 것이다.

뜨거운 바람을 쏘이면 젖은 머리카락이 말라. 머리카락에 있던 물은 없어진 게 아니야. 뜨거운 바람이 물의 모습을 바꾼 거야. 물은 열을 받으면 눈에 안 보이는 작은 알갱이로 쪼개져 둥둥 떠다녀. 물이 그렇게 바뀌는 것을 수증기라고 해. 물이 수증기로 바뀌는 걸 증발이라고 하지. 증발은 어디에서나 일어나. 몸에 땀이 마르는 것도 증발이야. 따뜻한 햇볕이 바닷물을 데워도 증발이 일어나지. (10~12쪽)

▲젖은 머리를 드라이어로 말리면 증발이 일어난다.

물은 바다와 하늘과 땅을 돌고 돌아

▲물은 사라지거나 새로 만들어지는 것이 아니라 돌고 도는 것이다.

　(나)따뜻해진 공기는 수증기를 데리고 하늘로 올라가. 하늘로 올라간 공기는 점점 차가워지면서 수증기를 물방울로 바꾸지. 물방울이 모이면 구름이 돼. 구름 속의 물방울이 점점 커지고 무거워지면 눈이나 비가 되어 내리게 돼.

　물은 높은 곳에서 낮은 곳으로 흘러. 산에서 흘러내린 시냇물이 모여 강이 돼. 사람들은 강물을 빨아들여 먼지를 거르고, 세균을 죽여 깨끗한 물을 만들어. 그 물이 수도꼭지에서 나오는 거야. 집에서 쓰고 버린 물은 깨끗하게 처리한 뒤 강으로 흘려보내.

　물이 얼면 덩치가 커져 바위를 쩍 갈라지게 만들기도 해. 딱딱한 얼음이 녹아 물이 되고, 물이 증발해 수증기가 되고, 수증기가 찬 기운을 만나면 물이 돼. 물은 바다와 하늘과 땅을 돌고 돌지. 물이 끝없이 돌 수 있는 까닭은 쉽게 자기 모습을 바꿀 수 있기 때문이야. (15~17, 25~30쪽)

생각이 쑥쑥

1 아래의 빈칸을 채워서 우리 집 수도꼭지에서 물이 나오는 과정을 설명하세요.

젖은 머리카락이 마른다.
↓
수증기가 (   )로 올라간다.
↓
수증기가 모여서 (   )을 만든다
↓
비가 내린다.
↓
큰 강이 되어 흐른다.
↓
(   )을 깨끗하게 처리한다.
↓
수도꼭지에서 물이 나온다.

머리에 쏘옥

물이 증발해도 사라진 것은 아니야

증발이란 물이 수증기로 바뀌는 현상을 말해요. 물이 수증기로 바뀌면 눈에 보이지는 않는데, 사라진 것은 아닙니다. 가벼워져서 공기 중으로 날아간 것이지요.

증발 현상은 쉽게 찾을 수 있습니다. 비가 와서 젖었던 땅이 저절로 마르고, 어항의 물이 조금씩 줄어드는 것도 증발 때문이지요.

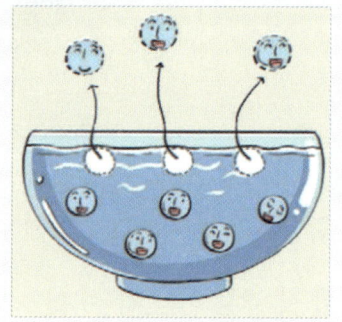

▲어항에 담긴 물이 증발하면서 물의 양이 줄어든다.

2 흐린 날보다 햇빛이 있는 날에 왜 빨래가 더 잘 마를까요?

▲햇볕이 내리쬐고, 바람이 부는 날에는 빨래가 더 빨리 마른다.

생각이 쑤욱

3 물을 오염시키면 안 되는 까닭은 무엇인가요?

▲한강물을 깨끗하게 만들어 수돗물로 만드는 정수센터.

4 물을 아껴 쓰는 방법을 세 가지 이상 적고, 그대로 실천하세요.

▲이를 닦을 때는 양치 컵에 물을 받아서 쓴다.

머리에 쏘옥

사람이 쓸 수 있는 물의 양

지구에는 바다나 강, 호수에 물이 많습니다. 빙하도 물이고, 구름과 안개도 물이 모습을 바꾼 거랍니다.

그런데 사람이 먹거나 쓸 수 있는 물은 양이 아주 적습니다.

모든 지구의 물을 100개의 병에 담는다면, 97병은 바닷물이고, 2병은 얼음과 눈입니다. 나머지 1병이 강과 호수, 지하수와 수증기를 합친 양입니다. 사람이 마시거나 쓸 수 있는 물은 바로 이 물 1병뿐입니다.

▲지구에서 파랗게 보이는 부분이 모두 물이지만, 사람이 쓸 수 있는 양은 매우 적다.

생각이 쑥쑥

5 겨울에 처마 밑에 고드름이 생겼는데, 고드름이 생기기까지의 이야기를 지어 보세요.

▲물이 얼어서 만들어진 고드름이 햇볕을 받아 물방울이 되어 떨어지고 있다.

머리에 쏘옥

물로 바위를 자를 수 있어요

옛날 조상들은 물이 얼 때 부피(덩치)가 늘어나는 성질을 이용해 크고 단단한 바위를 잘랐습니다.

먼저 자르고 싶은 바위에 구멍을 여러 개 뚫습니다. 그 뒤 바위에 뚫은 구멍 속에 물을 붓고, 바위가 얼기를 기다립니다.

추운 날씨에 물이 얼면 부피가 커져서 그 힘으로 바위가 갈라진답니다.

▲물이 얼어서 바위가 쪼개진 모습.

6 플라스틱 병에 물을 가득 넣고 냉동실에 넣어 얼리는 실험을 해 보세요. 그런 뒤 물이 바위를 갈라지게 만드는 까닭을 말해 보세요.

실험 방법	플라스틱 병 안에 물을 가득 담아서 냉동실에 둔다.
바뀐 모습	
물이 바위를 쪼갤 수 있는 까닭	 ▲물이 얼면서 부피가 커져서 플라스틱 병이 뚱뚱해졌다.

7 아래 글과 책을 참고해, 물이 수증기나 얼음으로 바뀌지 않으면 어떤 일이 일어날지 실감나게 이야기해 보세요(200~250자).

> 사람과 동식물은 매일 물이 필요하다. 물은 공기를 맑게 한다. 그리고 동식물의 목마름을 풀어 주고, 잘 자라게 돕는다. 물을 쓸 때마다 사라진다면 얼마 지나지 않아 바닥이 날 것이다. 그런데 지구의 물은 그동안 줄어들지도 늘어나지도 않았다. 물이 수증기나 얼음, 비 등으로 바뀌면서 돌고 돌기 때문이다.
>
>
>
> <신문 기사 참조>

04 기타 사라지는 우리 문화를 지켜요

『숨쉬는 항아리』

정병락 지음, 보림 펴냄, 36쪽

 줄거리

흙을 예쁘게 빚어 구웠더니 항아리가 되었어요. 항아리는 시골장에서 누군가에게 팔렸지요. 항아리가 도착한 집에는 예쁜 꽃병이 많았어요. 꽃병들은 항아리에게 못생겼다고 놀렸어요. 항아리는 슬펐어요. 그러다 자신과 비슷하게 생긴 친구들을 발견했지요. 항아리는 그들을 통해 자신이 숨쉬는 항아리임을 알았어요. 고추장이나 된장, 김치 등을 익힐 때 숨을 쉬면서 음식 맛을 좋게 한다는 것도요. 항아리는 마침내 맛있는 간장과 된장을 만드는 숨쉬는 항아리가 되었답니다.

본문 맛보기

흙은 곡식도 길러 주고 항아리도 되지요

　흙은 곡식이며 채소, 과일을 길러 우리를 먹이고, 또 여러 가지 그릇이 되어 우리를 살기 좋게 해 주어요.
　흙을 이겨 물레 위에 놓고 뱅글뱅글 돌려 옹기를 만들어요.
　"아이, 뜨거워! 아이, 뜨거워!"
　가마 안에서 옹기가 구워졌어요. 옹기 친구들이 가마에서 나와 옹기종기 앞뜰에 모였어요. 옹기 친구들은 덜컹덜컹 차에 실려 시골장 옹기전으로 떠났어요.
　"어, 나하고 비슷하게 생겼네. 너희는 누구니?"
　작은 항아리가 큰소리로 물었어요.
　"우리는 숨쉬는 항아리야."
　"뭐, 숨쉬는 항아리?"
　"그래, 우리는 온 몸으로 숨을 쉬어. 우리 몸에는 눈에 보이지 않는 숨구멍이 잔뜩 있거든."
　"나는 김칫독! 숨을 쉬니까 김치가 잘 익는다!"
　"나는 젓독! 젓갈도 숨을 쉬어야 진국이 나와."
　"나는 고추장 단지! 고추장도 숨을 쉬어야 맛있어지지." (2~21쪽)

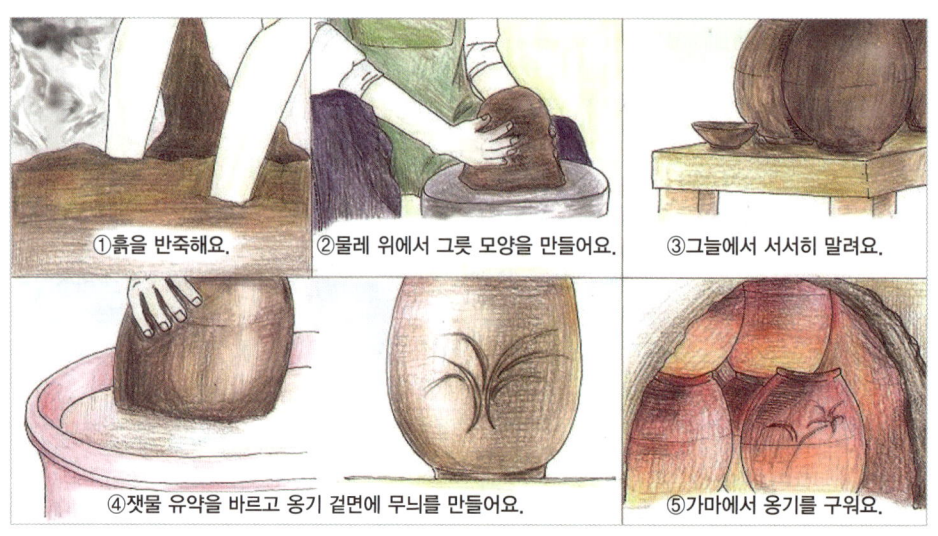

본문 맛보기

항아리에서 맛있는 장이 되었어요

"그럼 나는? 나도 숨을 쉴 수 있어? 나도 뭘 만들 수 있는 거니?"
작은 항아리가 물었어요.
"물론이지, 조금만 기다려. 너한테도 곧 뭔가 담길 거야."
"그땐 꼭 온몸으로 숨을 쉬어야 돼. 절대 잊지 마!"
얼마 뒤 작은 항아리에도 소금물과 메주가 담겼어요. 메주가 말했어요.
"정말 걱정이야. 항아리가 숨을 쉬어야 맛 좋은 된장이 될 텐데."
작은 항아리는 귀가 번쩍 뜨였어요.
"걱정 마. 이래 봬도 내가 바로 숨쉬는 항아리야."
한 달이 지났어요. 사람들은 된장이 어떻게 되었는지 궁금했어요. 그래서 항아리 뚜껑을 살짝 열어 보았어요.
"야, 구수한 냄새! 정말 맛있는 된장이 되겠네."
다시 한 달이 지나자 메주는 구수한 된장이 되고 소금물은 짭짤한 간장이 되었어요.
"에헴, 에헴, 나는 숨쉬는 굴뚝!"
"우리는 숨쉬는 항아리!" (22~33쪽)

"난 맛있는 된장이 될 거야!"

"난 메주를 만나 간장이 될 거야!"

생각이 쑥쑥

1 옹기를 왜 '숨쉬는 그릇'이라고 하나요?

2 흙으로 옹기를 구우려면 여러 단계를 거쳐야 합니다. 옹기를 만드는 방법을 차례대로 적으세요. 그리고 만드는 동안 주의할 점을 세 가지만 말해 보세요.

> ① 물레 위에서 그릇 모양을 만들어요.
> ② 흙을 반죽해요.
> ③ 가마에서 옹기를 구워요.
> ④ 그늘에서 서서히 말려요.
> ⑤ 잿물 유약을 바르고 옹기 겉면에 무늬를 만들어요.
>
> 〈만드는 순서〉
> (→   →   →   →   )
>
> 〈주의할 점〉
> ①
> ②
> ③

3 우리 조상들은 오래전부터 흙으로 그릇을 만들어 썼어요. 흙으로 그릇을 만들어 쓰면 좋은 점을 세 가지만 대세요.

머리에 쏘옥

항아리가 어떻게 숨을 쉴까

숨쉬는 항아리는 겉모습이 약간 거친데, 작은 숨구멍이 보여요. 그 구멍으로 물은 나오지 못하고, 항아리 안의 나쁜 공기만 나온답니다. 그리고 좋은 공기가 안으로 들어가지요. 그래서 항아리가 숨을 쉰다고 하는 거예요.

숨쉬는 항아리는 옹기라고 하는데, 특별한 흙(도기토)으로 만들지요.

그 흙에는 작은 모래 알갱이가 들어 있는데, 이 알갱이들이 숨구멍을 만들어 공기를 드나들게 한답니다.

옹기는 깨져서 버릴 때도 다시 자연으로 돌아가므로 환경을 오염시키지 않지요.

▲숨쉬는 항아리 '옹기'.

 생각이 쑤욱

4 옹기장군은 물이나 술, 똥, 오줌을 나를 때 쓰던 그릇입니다. 그래서 물장군, 술장군, 똥장군, 오줌장군이라고도 불렀지요. 옹기장군 겉면에 여러분이 좋아하는 무늬를 그려 넣고, 그렇게 그린 까닭도 설명해 보세요.

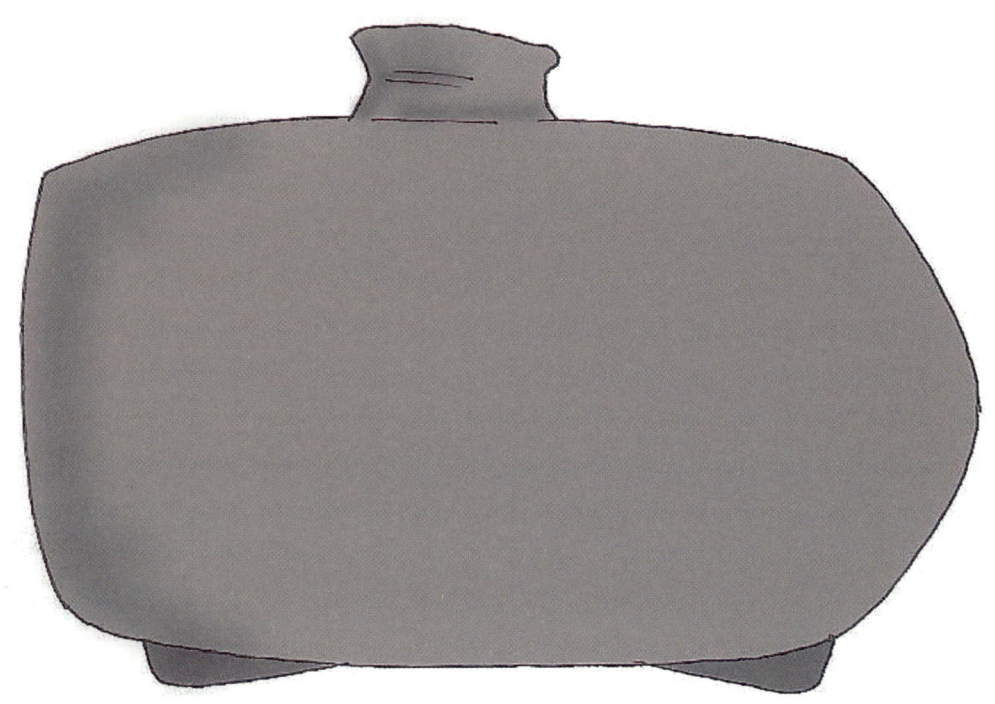

내가 이런 무늬를 그린 까닭은 _____

_____

_____

_____

_____ 때문입니다.

생각이 쏘옥

5 옛날에는 옹기에 김치를 담아 땅속에 묻었어요. 왜 김치옹기를 땅에 묻었는지 아래 대답이 맞으면 ○표, 틀리면 X표 하세요.

> ☞ 김치옹기를 밖에 두면 숨구멍으로 벌레가 들어갈 수 있어요. (   )
> ☞ 땅속은 온도가 고르게 유지되어 맛이 쉽게 변하지 않아요. (   )
> ☞ 땅속에 묻으면 김치가 천천히 익어요. (   )
> ☞ 김치를 부엌에 보관하면 김치 익는 냄새가 심하게 나기 때문이에요. (   )

6 지금은 김치를 주로 김치냉장고에 보관합니다. 그래서 여름에도 싱싱한 김치를 먹을 수 있지요. 김치옹기와 김치냉장고의 닮은 점과 다른 점은 무엇일까요?

닮은 점	다른 점

머리에 쏘옥

김치옹기

옛날에는 옹기를 땅에 묻어 천연 김치냉장고로 사용했답니다. 옹기에 김치를 담아 땅에 묻으면 온도가 조금 낮고 고르게 유지되므로 천천히 김치가 익는답니다.

이렇게 되면 김치가 맛있게 익고, 맛이 쉽게 변하지도 않는답니다.

도시에서는 옹기를 묻을 곳이 없어 옹기를 잘 사용하지 않습니다.

▲옛날에는 옹기에 김치를 넣은 뒤 땅속에 묻어 보관했다.

김치냉장고

김치냉장고는 김치 외에 고기와 채소, 과일 등도 냉장 상태에서 보관할 수 있어요. 또 일반 냉장고보다 식품을 더 오래 보관할 수 있답니다.

▲김치냉장고

생각이 쑤욱

7 플라스틱 그릇보다 건강에 좋기 때문에 옹기를 쓰는 사람이 늘고 있어요. 옹기 홍보대사 입장에서 아래 글을 참고해서 옹기 자랑을 실감나게 하세요(200~250자).

어릴 적에 자주 플라스틱 그릇으로 뜨거운 음료나 음식을 섭취하면 성조숙증을 보인다는 연구 결과가 나왔다. 대만 청쿵대의 리쥔장 환경보건학과 교수 연구진은 성조숙증을 보이는 2~8세 여자 아이 71명을 대상으로 3년간 조사한 결과 모두 가슴 발육이 시작된 상태였다고 전했다. 리 교수는 성조숙증의 원인이 플라스틱에서 나오는 환경호르몬 등과 관련이 있다며, "아이들 대다수가 뜨거운 차 음료나 두유를 플라스틱 컵에 담아 거의 매일 마시고 있었다."고 밝혔다.

▲여러 가지 플라스틱 컵.

<신문 기사 참조>

성조숙증 몸의 성장이 비정상적으로 빠른 상태.
환경호르몬 몸 안에서 만들어지는 성장 호르몬 등 여러 호르몬과 비슷한 물질. 밖에서 만들어진 이러한 물질이 몸안에 들어가면 성조숙증은 물론 암과 기형아 출산 등의 문제를 일으킨다.

05 기타 용돈은 계획을 잘 세워서 써야 해

『용돈으로 집을 지은 돼지 삼 형제』

아나 알론소 지음, 알라딘북스 펴냄, 96쪽

 줄거리

　돼지 삼 형제는 로사리오 이모에게서 편지를 받았습니다. 이모는 돼지 삼 형제에게 돈을 잘 사용하는 방법을 알아야 한다며, 수표 세 장을 나눠 주고, 1년간 각자 살 집을 지으라고 했습니다. 첫째 돼지는 계획을 세워 튼튼한 집을 지었고, 둘째와 막내는 하고 싶었던 일을 한 뒤 남은 돈으로 부실한 집을 지었습니다. 첫째는 튼튼한 집 덕분에 늑대를 물리쳤지만, 둘째와 셋째는 늑대에게 당해 집이 허물어져 버렸습니다.

본문 맛보기

돈 잘 쓰는 방법 알려 주려고 수표 보내

▲로사리오 이모는 돼지 삼 형제에게 돈을 잘 쓰는 방법을 가르치려고 편지를 보냈다.

(가)옛날 옛날에 돼지 삼 형제가 살았습니다. 어느 날 형제들은 로사리오 이모가 보낸 편지 한 통을 받았습니다. 큰형은 큰 소리로 편지를 읽었습니다.

"사랑하는 조카들아, 이제 너희도 많이 컸겠구나. 어른이 되면 돈을 잘 사용할 줄 알아야 하지. 하지만 어른이 되었다고 누구나 돈을 잘 쓸 수 있는 것은 아니란다. 돈을 어떤 곳에 어떻게 쓸지 알뜰하게 계획을 세우고, 그 계획을 잘 실천해야 한다. 그렇게 하려면 지금부터 연습이 필요할 것이라고 생각한다. 너희 셋에게 수표 한 장씩 줄 테니, 각자 자기가 살고 싶은 집을 지어 보렴. 그 돈을 다른 데 쓰더라도 집은 꼭 지어야 해. 나는 지금부터 1년이 되는 날 너희들의 집을 방문할 생각이다. 부디 너희가 돈을 알뜰하게 사용해 집을 잘 짓고 나를 반갑게 맞아 주기를 바란다."

돼지 삼 형제는 함께 모여 뜨거운 코코아를 마시며 앞으로의 일을 의논했습니다. (5, 6~9, 14쪽)

이런 뜻이에요

수표 돈 대신 사용하려고 일정한 금액을 표시한 종이. 수표를 가진 사람이 은행에 가면 그 금액만큼 돈으로 바꿀 수 있다. 발행한 사람은 은행에 그만큼의 돈이 저축되어 있어야 한다.

본문 맛보기

첫째는 계획을 잘 세운 뒤 튼튼한 집 지어

▲첫째 돼지는 차근차근 계획을 세워 튼튼하게 집을 지었다.

(나)막내 돼지는 여행부터 한 뒤 집을 짓겠다고 말했습니다. 둘째 돼지도 사업을 해 본 뒤, 남은 돈으로 집을 짓겠다고 했습니다.

그런데 첫째 돼지는 튼튼한 집을 지으려면 시간이 많이 걸린다며 차근차근 계획을 세우고 집을 짓기 시작했습니다.

막내 돼지는 여행으로 돈을 거의 다 쓰는 바람에 대충 집을 지었습니다. 둘째 돼지도 사업을 벌이느라 돈을 거의 다 쓰고, 시간도 부족해 서둘러 집을 지었습니다.

늑대는 검사관으로 변장하고 둘째와 셋째 돼지의 집을 검사했습니다. 그리고 부실 공사를 했다며 돈을 요구하다가 뜻대로 되지 않자 불도저로 집을 밀어 버렸습니다. 늑대는 첫째 돼지의 집이 튼튼해 당황하고, 가짜 검사관 행세가 들통나 경찰에 잡혀 갑니다.

로사리오 이모는 그동안의 이야기를 듣고 계획대로 집을 잘 지은 첫째 돼지를 칭찬했습니다. 둘째와 막내는 돈과 집을 모두 잃어 속상했겠지만 값진 경험을 얻었을 것이라고 말씀하셨습니다. (14~18, 22, 32~43, 80~85쪽)

생각이 쑤욱

1 로사리오 이모는 왜 돼지 삼 형제에게 수표를 보냈나요?

2 첫째 돼지처럼 계획을 세워 용돈을 쓰면 어떤 점이 좋을지 아는 대로 말해 보세요.

머리에 쏘옥

경제 활동의 시작은 용돈 관리부터

용돈을 관리하는 일은 단순히 부모님께 받아서 필요한 데 쓰고, 남으면 모으는 것이 전부가 아니에요. 받은 돈을 어디에 얼마나 쓰고, 내 꿈을 위해 어느 정도를 모을지 목표를 세워 실천해야 올바른 용돈 관리랍니다.

돈을 관리하는 방법과 소비할 때 낭비가 되지 않도록 판단하는 방법을 배워야 내가 한 경제 활동에 책임을 지는 습관을 기를 수 있답니다.

▲용돈을 받으면 저축도 해야 한다.

▲용돈이 생기면 어떻게 쓸지 미리 계획을 세운다.

생각이 쑤욱

3 둘째와 막내 돼지가 튼튼한 집 짓기에 실패한 까닭은 무엇인가요?

4 로사리오 이모가 시킨 집 짓기 경험을 통해 둘째와 막내 돼지가 어떤 가르침을 얻었을지 생각해 보세요.

머리에 쏘옥

용돈 계획을 세울 땐 꼭 먼저 할 것부터 정해야

용돈이 생기면 어디서 얼마가 들어왔는지 적고, 어디에 써야 할지 예상해서 계획을 세웁니다.

사고 싶은 것은 많아도 용돈의 금액은 정해져 있기 때문이지요.

계획을 세울 때에는 꼭 먼저 써야 할 곳부터 정해야 합니다. 꼭 사야 할 물건을 적고, 돈이 부족하면 다음 달로 넘겨서 사면 됩니다.

▲용돈을 계획 없이 쓰면 나중에 꼭 써야 할 곳에 쓰지 못할 수도 있다.

생각이 쑥쑥

5 용돈이 생기면 저축부터 해야 하는 까닭을 이야기해 보세요.

머리에 쏘옥

용돈 생기면 저축부터 해야

▲저금통에 돈을 모으고 있다.

용돈을 어디에 쓸지 계획을 세울 때는 얼마를 저축할지부터 생각해야 합니다. 예상하지 못한 일이 생겨 돈이 필요할 때를 대비해야 하기 때문이지요.

따라서 용돈을 받으면 일정 금액을 먼저 저축하고, 소비해야 합니다. 이렇게 모은 돈은 은행 통장을 만들어 예금하면 이자가 생겨 돈이 늘어납니다. 돈을 모으는 기쁨을 알면 더 아껴 쓰게 된답니다.

6 집안일을 도와 용돈을 벌면 좋은 점을 생각해 보고, 어떤 집안일을 해서 용돈을 벌지 말해 보세요.

집안일을 할 때마다 적당한 금액을 정해 용돈으로 받으면 좋다. 돈은 맡겨진 일을 해야 받을 수 있다는 점을 어릴 적부터 깨달을 수 있기 때문이다. 따라서 나이에 맞게 부모님을 도울 수 있는 일을 정해야 한다. 초등학생은 부모님의 심부름을 하거나 재활용품 분리 배출 등이 좋다.

▲아빠와 함께 빨래를 개는 모습.

집안일을 해서 용돈을 벌면 좋은 점	
집안일	받을 금액

7 일주일씩 끊어서 2주 동안 날마다 용돈 기입장을 적고, 용돈을 낭비한 일이 있는지 찾아 고칠 점을 찾아보세요.

1월				
날짜	내용	들어온 돈	나간 돈	남은 돈
1일	용돈 받음	3000원		
2일				
3일				
4일				
5일				
6일				
날짜	내용	들어온 돈	나간 돈	남은 돈
7일				
8일				
9일				
10일				
11일				
12일				
13일				
고칠 점				

06 국내 문학
친구와 사이좋게 지내는 방법

『짜장 짬뽕 탕수육』

김영주 지음, 재미마주 펴냄, 42쪽

 줄거리

짜장면집 아들 종민이가 도시로 이사해서 '화장실 놀이' 때문에 놀림을 당합니다. 누군가 왕이라고 이름 붙인 변기에서 볼일을 보면 왕이 되고, 거지라고 이름 붙인 변기에서 볼일을 보면 거지가 되는 놀이지요. 그런데 종민이가 거지 변기를 사용해 놀림을 받다가, 변기에 '왕, 거지' 대신 '짜장, 짬뽕, 탕수육'이라는 이름을 붙입니다. 이 놀이는 괴로운 친구가 생기는 '왕, 거지' 놀이에 비해 누가 짜장이 되든 짬뽕이 되든 상관없기 때문에 모두 즐겁습니다.

> 본문 맛보기

'왕, 거지' 놀이 때문에 화장실 가기 싫어져

▲한 친구가 다른 친구들의 놀림을 받아 눈물을 흘린다.

(가)교실에선 아이들이 서너 명씩 모여 이야기꽃을 피웁니다. 새로 만난 아이들보다 2학년 때 같은 반 아이들끼리 얘기합니다. <u>종민이는 덩그렇게 자리만 지키고 있습니다.</u> 1교시 쉬는 시간입니다. 종민이는 화장실로 갑니다. "왕, 거지, 왕, 거지." 덩치도 제법 큰 아이가 앞장서서 외치자 몇몇 다른 아이들이 주르르 따라서 외치고 있습니다. 거지 자리는 텅 비어 있어도 모든 아이들이 왕 자리에 줄을 서 있습니다. 그러고 보니, 종민이만 거지 자리에서 오줌을 눕니다. 다른 아이들은 고추를 변기에 들이밀며 합창을 합니다. "거지래요, 거지래요." 손가락으로 가리켜 가며 신나게 떠들어댑니다. 종민이는 눈물까지 글썽입니다. 이사 오기 전에 다니던 학교 친구들 얼굴이 하나둘 스쳐갑니다. 다음 시간부터는 숫제 화장실에 가기가 싫습니다. 쉬는 시간만 되어도 괴롭습니다. (13~19쪽)

새로운 놀이 생각해 친구들과 친해져

▲어린이들이 즐겁게 술래잡기를 하고 있다.

(나) "종민아, 네가 참아." 앞에 앉은 누리가 다정하게 얘기합니다. 처음으로 들어보는 친절한 말입니다. "그래, 종민아. 쟤들 원래 저래. 2학년 때도 얼마나 개구쟁이였는데." 누리 옆에 있던 아이도 거듭니다. 종민이의 마음은 벌써 스르르 풀어졌습니다. 5교시 쉬는 시간입니다. 반 친구들은 화장실로 향합니다. 큰 덩치는 화장실에 들어서자마자 왕, 거지를 정합니다. 거지 자리는 주인이 없이 텅텅 비어 있습니다. 왕 자리는 두세 명씩 줄줄이 서 있습니다. (중략) 종민이는 뭔가를 골똘히 생각합니다. "짜장, 짬뽕, 탕수육, 짜장, 짬뽕, 탕수육…." 종민이는 있는 힘을 다해 크게 외칩니다. 그러고는 빨리 탕수육 자리에 섭니다. 다른 아이들은 잠시 머뭇거리다 짜장 자리에 섭니다. 큰 덩치도 이제 분위기를 알았는지 개미 만한 소리로 말합니다. "나도 짜장이 좋아." (35~39쪽)

생각이 쑥쑥

1 (가)의 밑줄 친 부분에서 종민이는 왜 혼자 덩그렇게 자리만 지키는 걸까요?

2 '짜장, 짬뽕, 탕수육' 놀이는 '왕, 거지' 놀이보다 어떤 점이 좋은가요?

▲왕과 거지로 나누면 계급이 생겨 누군가를 차별하게 된다.

머리에 쏘옥

'왕, 거지' 놀이와 '짜장, 짬뽕, 탕수육' 놀이

'왕, 거지' 놀이는 변기마다 왕 또는 거지라는 이름을 붙입니다. 그런 뒤 왕이라고 이름이 붙은 변기에서 볼일을 보면 왕이 되고, 거지라고 이름 붙인 변기에서 볼일을 보면 거지가 되는 놀이입니다. 이때 거지 변기에서 볼일을 본 친구는 다른 친구들에게 거지라는 놀림을 받습니다. 그래서 아이들은 아무리 급해도 왕 변기에만 줄을 섭니다.

'짜장, 짬뽕, 탕수육' 놀이는 변기마다 짜장이나 짬뽕, 탕수육이라는 이름을 붙입니다. 볼일을 본 변기 이름이 자기 별명이 되지요. 아이들은 자기가 좋아하는 음식 이름이 붙은 변기에서 볼일을 봅니다. 이렇게 되면 어떤 변기를 사용해도 모두 즐겁게 되지요.

생각이 쑥쑥

3 시간이 지나면서 종민이의 마음은 어떻게 변했을까요?

처음 전학 왔을 때	
거지라고 놀림을 받을 때	
'짜장, 짬뽕, 탕수육' 놀이를 생각해 냈을 때	
자신이 만든 놀이를 친구들이 재미있어 할 때	

4 새 학기에 새로 만난 친구들이 모두 즐겁게 놀며 사귈 수 있는 놀이를 한 가지만 소개해요. 새로운 놀이를 만들어도 좋아요.

☞ 놀이 방법과 좋은 점 등을 말하면 됩니다.

머리에 쏙쏙

감정을 나타내는 말

사람의 감정을 표시하는 말은 여러 가지가 있습니다.

기쁨을 나타내는 말에는 '자랑스럽다, 흥분하다, 우쭐하다, 통쾌하다, 뿌듯하다, 설레다' 등이 있죠.

슬픔을 나타내는 말에는 '우울하다, 속상하다, 서글프다, 외롭다' 등이 있습니다.

화가 났음을 나타낼 때는 '신경질나다, 괘씸하다, 심술나다, 분하다' 등을 씁니다.

놀이의 효과

충청북도에 있는 한 초등학교는 하루에 30분씩 중간 놀이 시간이 주어집니다. 이 시간에는 아이들이 운동장으로 나가 마음껏 뜁놉니다. 놀이 시간이 주어지자 공부하느라 쌓인 피로를 씻어 내 수업 시간에 집중도 잘 된다고 합니다.

놀이를 통해 자연스럽게 협동심과 배려심도 키우고, 규칙을 지키는 정신도 길러집니다.

친구들과 어울리지 못하던 학생도 어느새 아이들과 섞여 즐겁게 노는 모습을 볼 수 있답니다.

▲초등학생들이 중간 놀이 시간에 운동장에서 뛰놀고 있다.

생각이 쑤욱

5 종민이는 누리의 위로를 받아 힘을 냅니다. 학교에서 위로가 필요한 친구에게 하고 싶은 말을 쪽지에 써서 전해 보세요.

▲위로가 필요한 친구에게 쪽지를 보내면 그 친구가 힘을 얻는다.

6 '왕, 거지' 놀이 때문에 따돌림을 당하던 종민이는 새로운 놀이를 소개하며 친구들과 친해집니다. 내가 종민이라면 친구들과 친해지기 위해 어떻게 했을까요?

머리에 쏘옥

위로의 힘

새 학교에 전학한 종민이는 모든 것이 낯섭니다. 친구들의 놀림까지 받아 더욱 힘들지요. 하지만 누리의 따뜻한 위로의 말을 듣고 힘을 낼 수 있었죠.

실제로 따돌림을 당하는 아이에게 그의 이야기를 들어주는 친구가 한 명이라도 있으면, 학교 생활에 다시 적응할 수 있답니다.

새 친구 사귀는 방법

초등학교에 들어가면 친구들과 지내는 시간이 많아집니다. 처음 만난 친구들은 서먹하지요.

이럴 때는 자신감을 가지고 나의 잘하는 점과 좋아하는 점을 알리는 인사를 합니다. "내 이름은 행복이야. 난 오카리나를 잘 불고, 고양이를 좋아해." 하는 식으로요.

그러면 나와 비슷한 친구들이 호기심을 갖게 되지요.

▲새로운 친구들끼리 서로 인사를 나누고 있다.

7 친구들이 화장실에서 종민이를 놀리고 있어요. 아래 뉴질랜드에 관한 글을 읽은 뒤, 역할을 정해 역할 놀이를 해 보세요. 그리고 맡은 역할 놀이를 한 뒤 기분을 보세요(200~250자).

뉴질랜드의 초등학교에서는 따돌림을 막기 위해 역할극 교육을 한다. 역할극을 통해 놀림과 따돌림이 무엇인지 배운다. 학생들이 돌아가며 따돌리는 아이와 따돌림을 당하는 아이, 지켜보는 아이의 역할을 각각 해 본다. 역할 놀이를 하면 상대의 기분을 이해하고 배려하는 마음을 가질 수 있다. 역할 놀이를 할 때는 목소리와 표정, 몸짓을 내가 맡은 인물의 기분에 맞춰야 한다.

▲초등학교 어린이들이 역할 놀이를 하고 있다.

<신문 기사 참조>

(화장실에서)

덩치 : (큰 소리로) 왕, 거지, 왕, 거지!

친구 1 : (급한 표정으로 왕 자리에 줄을 서며) 난 왕이야!

친구 2 : 얘들아, 종민이 거지 자리에서 볼일 본다.(손가락질하며) 거지래요, 거지래요.

종민 : 나 거지 아니야!

덩치 : 한 번 거지는 영원한 거지야. 알아? 이 맹추야!

친구 1 : 거지 좋잖아, 뭘 그래?

친구 2 : 맞아! 이 거지야!

07 국내 문학 | 다른 점 존중해야 친구 잘 사귈 수 있어

『다다다 다른 별 학교』

윤진현 지음, 천개의바람 펴냄, 40쪽

 줄거리

　새 학기 첫 날, 반 친구들은 돌아가며 자기가 온 별에 대해 이야기합니다. 모범생 친구는 '반듯반듯 별'에서 왔어요. 호기심이 많은 친구는 '물음표 별'에서 왔고, 부끄럼쟁이 친구는 '숨바꼭질 별'에서 왔지요. 반 친구들은 모두 자기만의 특별한 별에서 왔습니다. 놀랍게도 같은 별에서 온 아이는 하나도 없습니다. 친구들의 별 이야기를 들어 보고, 나는 어느 별에서 왔는지 생각하게 합니다.

본문 맛보기

친구들은 저마다 다른 별에서 왔어

▲ '물음표 별'에서 온 친구의 머리에 질문이 끝도 없이 쏟아지고 있다.

(가)우리는 돌아가며 자기가 온 별을 말했어. 모범생인 나는 '반듯반듯 별'에서 왔어. 이 별에서는 뭐든지 계획대로 착착 움직여. 똑딱똑딱, 내 시간표는 언제나 바빠. 똑딱똑딱, 너도 시간표를 짜 봐. 호기심 많은 나는 '물음표 별'에서 왔어. 이 별에서는 질문이 끝도 없이 쏟아져. 아, 궁금해! 궁금해! 난 누굴까? 난 커서 무엇이 될까? 왜 비가 올까? 울보쟁이인 나는 '눈물나 별'에서 왔어. 이 별에서는 마음이 눈물바다랑 이어져 있어. 그래서 시도 때도 없이 눈물이 뚝뚝! 실컷 울고 싶다고? 그럼 우리 별에 놀러 와. 부끄럼쟁이인 나는 '숨바꼭질 별'에서 왔어. 이 별에서는 모두가 꼭꼭 숨어 있어. 그런데 숨기만 하고 찾는 사람이 없어서, 아무도 내가 어디 있는지 몰라. 이제 나 좀 찾아 줄래? (1, 7~12, 16쪽)

본문 맛보기

너는 어느 별에서 왔니?

▲ '두근두근 별'에서 온 친구가 가만히 앉아서 이런저런 걱정을 하고 있다.

　(나)개구쟁이인 나는 '장난쳐 별'에서 왔어. 이 별에서는 재미난 장난거리가 넘쳐. 코딱지 멀리 던지기 장난, 깜짝쇼 장난, 심심하다고? 그럼 쏜살같이 놀러 와! 치우기 싫어하는 나는 '뒤죽박죽 별'에서 왔어. 이 별에서는 온갖 게 뒤엉켜서 엉망진창 정신이 없어. 쉿, 이건 비밀인데, 그래도 나는 뭐가 어디 있는지 다 알지롱. 걱정이 많은 나는 '두근두근 별'에서 왔어. 이 별에는 커다란 걱정주머니 가게가 있어. 난 거기서 산 걱정주머니가 아주 많아. 그래서 걱정도 한가득이야.

　우리들은 이야기를 끝내고, 선생님께 어디서 오셨는지 물었어. "나? 나는 너희들의 모든 걸 알고 있는 '다알지 별'에서 왔지." 우리는 다 다른 별에서 왔어. 그래서 모두 다 달라. <u>너는 어느 별에서 왔니?</u> (22~24, 26~32쪽)

생각이 쑤욱

1 나는 어느 별에서 왔는지 (나)의 밑줄 친 질문에 대답해 보세요.

2 '반듯반듯 별'에서 온 친구에게 어떤 점을 배우면 좋을지 본문에 나온 것 외에 세 가지 이상 생각해 보세요.

☞매일 아침 7시에 일어나는 방법을 배우고 싶다.

▲아침 일찍 잠자리에서 벌떡 일어나는 모습.

머리에 쏘옥

'반듯반듯 별'에서 온 친구

▲다음날 학교에 가져 갈 준비물을 전날 미리 챙기고 있다.

반듯반듯 별에서 온 친구는 계획을 세우고 실천하는 일을 잘합니다. 학교에 지각하지도 않고, 준비물도 빠뜨리지 않지요. 반듯반듯 별에서 온 친구와 함께 우유 당번이 되거나 모둠 숙제를 하면 든든하답니다.

좋은 습관도 배울 수 있습니다. 날마다 일찍 일어나려면 전날 일찍 자면 됩니다. 준비물을 잘 챙기려면 학교에서 돌아오자마자 미리 책가방에 넣어 두면 되지요.

생각이 쑤욱

3 '숨바꼭질 별'에서 온 친구와 사이좋게 지내려면 어떻게 대하면 좋을까요?

▲ '숨바꼭질 별'에서 온 친구가 혼자 책을 읽을 때 다가가서 무슨 내용이냐고 말을 건네고 있다.

머리에 쏘옥

'숨바꼭질 별'에서 온 친구와 사귀는 법

친구들 앞에서 노래하고 춤추는 게 신나는 사람도 있지만, 부끄러워하는 사람도 있답니다. 집에서는 개구쟁이인데, 밖에 나가면 목소리가 작아지기도 하지요.

'숨바꼭질 별'에서 온 친구는 다른 사람보다 한 번 더 생각한 뒤 행동하는 속이 깊은 친구랍니다.

하지만 혼자 책을 읽거나 그림을 그릴 때 누군가 먼저 말을 걸어 주기를 기다릴 수도 있어요. 그러니 먼저 다가가서 말을 걸어 보세요.

4 기쁨과 즐거움은 나눌수록 커지고, 걱정과 슬픔을 나눌수록 줄어든답니다. '두근두근 별'에서 온 친구에게 나와 짝꿍의 걱정주머니에 든 걱정을 두 가지씩만 팔아 보세요.

▲ 나의 걱정주머니에 들어 있는 걱정.

▲ 짝꿍의 걱정주머니에 들어 있는 걱정.

생각이 쑤욱

5 모두 같은 별에서 온 친구들끼리 한 반이 될 경우 좋은 점과 나쁜 점을 세 가지 이상 말해 보세요.

좋은 점	나쁜 점

6 나의 가족과 친구, 담임 선생님은 각각 어떤 별에서 왔을지 별 이름을 짓고, 그렇게 지은 까닭도 이야기하세요.

	별 이름	특징
가족		
가족		
가족		
친구		
담임 선생님		

머리에 쏘옥

같은 별에서 온 친구끼리만 어울리면 어떻게 될까

'반듯반듯 별'에서 온 친구들끼리만 모이면 무슨 일이든 다 투지 않고 계획대로 이뤄지니 편할 거예요. 하지만 날마다 계획대로만 움직이면 학교 생활이 지루하고 모험심도 생기지 않겠지요.

반대로 '장난쳐 별'에서 온 친구들끼리만 모이면 심심할 틈도 없이 깔깔대며 웃고 지내겠지요. 하지만 수업 시간에도 장난만 치는 바람에 공부에 방해가 될지 몰라요.

반 친구들이 저마다 다른 별에서 왔기 때문에 상대를 이해하는 마음도 커지고, 사이좋게 지내는 방법도 배울 수 있답니다.

▲친구들이 서로의 의견을 존중하며 이야기를 나누고 있다.

생각이 쑤욱

7 이 책과 아래 글을 참고해, 친구를 잘 사귈 수 있는 방법을 알려 주세요(200~250자).

친구와 다투는 이유는 상대가 나와 다르다는 점을 이해하지 못하기 때문이다. 사람은 각자 성격이 다르고, 생각도 다르다. 저마다 다른 환경에서 다른 경험을 하며 살아왔기 때문이다. 따라서 항상 상대의 생각에 귀를 기울이고 존중하는 마음을 가져야 한다.

<신문 기사 참조>

▲친구들이 서로 자기만 옳다고 우기며 다투고 있다.

다른 사람과 소통하는 방법 배워야

08 국내 문학

『칭찬 한 봉지』

정진 지음, 좋은책어린이 펴냄, 68쪽

 줄거리

마리는 준성이가 발표를 하다가 머뭇거리자 그 틈에 끼어들어 자기 말을 해서 준성이를 화나게 만듭니다. 호민이가 더듬거리며 책을 읽을 때는 얄밉게 흉내를 내서 다투기도 하지요. 선생님은 마리에게 '한 봉지'를 가져오라고 하십니다. 한 봉지는 뭔가를 잘하거나 잘못한 사람이 친구들의 간식을 준비해야 하는 마리네 반의 규칙입니다. 마리는 반에서 인기가 가장 좋은 윤아를 살펴봅니다. 윤아는 상대의 말을 끝까지 들어주고, 맞장구도 잘 칩니다. 마리는 윤아를 보며 다른 사람과 소통하는 방법을 깨닫게 됩니다.

본문 맛보기

마리는 친구들이 말할 때 끼어드는 버릇 있어

▲'한 봉지'는 잘하거나 잘못한 일을 한 학생이 간식을 봉지에 담아 와서 친구들과 나눠 먹는 마리네 반 규칙이다.

(가) "동물 병원을 찾는 아줌마를 병원까지 데려다 주었어요."

선생님이 질문을 하셨는데, 준성이가 잠시 머뭇거렸어. 난 잽싸게 끼어들었지.

발표를 잘한다고 칭찬받을 줄 알았는데, 선생님은 준성이 차례였다며 당황한 표정을 지으셨어. 수업이 끝나자 준성이는 눈을 부릅떴어.

"손마리, 너는 입에 가위가 달렸냐?"

내가 퀴즈를 내면서 화를 풀어 주려고 했지만 준성이는 더 화가 나 버렸어. 옆에 있던 호민이는 나에게 시끄러운 '짹짹이'래. 호민이가 더듬거리며 책 읽는 모습을 내가 흉내 냈거든. <u>선생님은 이 모습을 보고 둘 다 '한 봉지'를 가져오래.</u> 한 봉지는 잘한 일이 있거나 잘못을 저지르면 작은 간식을 준비해 반 친구들과 먹는 규칙이야. 한 봉지를 준비하려면 가족들과 학교에서 있었던 이야기를 해야 해. (4~7, 10~12쪽)

윤아 살펴보며 올바른 소통 방법 익혀

(나)내 동생 수찬이는 툭하면 울었는데, 윤아와는 정말 즐겁게 잘 놀아. 나는 내가 놀고 싶은 대로 수찬이를 데리고 다녔어.

그런데 윤아는 수찬이에게 뭘 하고 싶은지 계속 물어봐. 수찬이의 마음을 잘 받아 주네.

윤아만 보면 하고 싶은 말이 자꾸 생겨. 윤아는 "정말?, 어머 어머!, 아, 그랬구나!" 하면서 내 말을 참 잘 들어줘.

▲마리와 수찬이가 놀이터에서 함께 그네를 타며 놀고 있다.

다음 날 피구 시합에서 우리 팀이 이겼어. 준성이가 나를 보며 잘했다고 칭찬하자, 내 마음도 물렁물렁해졌어. 속담 게임 시간에, 호민이가 더듬거리며 문제를 내는데, 끝까지 듣고 정답을 맞혔지. 선생님은 나를 보며 감탄했어.

"대단하구나! 호민이의 말을 정확하게 잘 듣고 맞혔네. 마리야, 내일 한 봉지 가져와!"

드디어 나도 칭찬의 한 봉지를 준비하게 됐어. (46~48, 56, 59~60쪽)

생각이 쑤욱

1 마리는 왜 친구들에게 '가위'나 '짹짹이'라고 놀림을 당했나요?

2 (가)의 밑줄 친 부분에서, 선생님이 왜 '한 봉지' 규칙을 만들었을지 마리의 예를 들어 이야기해 보세요.

머리에 쏘옥

대화할 때 지켜야 할 예절

▲대화할 때는 상대의 말이 끝날 때까지 귀담아 들어야 한다.

대화할 때는 상대의 말을 귀담아 듣는 태도가 중요합니다.

다른 사람이 말할 때 딴짓을 하거나, 말하는 중간에 끼어들면 상대의 기분이 상하게 됩니다.

따라서 상대의 말을 끝까지 귀담아 듣고 나서 자기 이야기를 해야 합니다.

친구들을 웃기려고 친구의 말투를 따라서 하거나 표정을 흉내 내도 안 됩니다. 그러면 상대는 무시를 당하는 느낌이 들기 때문입니다.

▲'한 봉지' 규칙은 잘한 학생은 북돋우고, 잘못한 학생에게는 자신을 돌아보게 하는 효과가 있다.

생각이 쑤욱

3 수찬이가 마리와 놀 때와 윤아와 놀 때의 마음이 어떻게 다를까요?

마리와 놀 때 수찬이의 마음	윤아와 놀 때 수찬이의 마음

4 다른 사람과 대화할 때 조용히 듣는 것보다는 맞장구를 쳐 주면 소통하는 데 왜 더 좋은지 설명하세요.

머리에 쏘옥

맞장구의 중요성

▲맞장구를 치면 더욱 즐겁게 대화를 나눌 수 있다.

맞장구를 친다는 건 상대의 말을 잘 듣고 있다는 신호입니다.

친구가 말하는데 자기 표현을 하지 않고 듣기만 하는 학생도 있습니다. 그럼 말하는 친구는 자기의 이야기가 재미없거나 지루한 건 아닌지 걱정이 되어 더 이상 말하고 싶지 않겠지요.

친구가 말할 때는 눈을 마주치고, '그래그래, 이해해, 나도 그래, 잘했어'라는 말을 건네 보세요. 그러면 친구는 더 신이 나서 이야기를 재미있게 할 수 있답니다.

▲다른 사람과 이야기할 때 맞장구를 치면 서로 마음이 통하는 것 같아 기쁘다.

67

생각이 쑤욱

5 준성이가 피구 시합에서 잘했다고 마리를 칭찬하자 마리의 마음이 물렁물렁해졌어요. 이때 마리는 시합에서 진 친구를 어떻게 칭찬해야 더 친해질 수 있을까요?

성적의 결과만 놓고 칭찬하면 노력한 과정은 무시를 당하게 된다. 이렇게 되면 아이들은 칭찬을 듣기 위해 친구를 속이거나 곤란하게 만들 수 있다.

▲운동 경기는 상대 팀이 졌어도 열심히 싸웠으면 잘했다고 칭찬해야 한다.

머리에 쏘옥

칭찬에도 요령이 있다

칭찬을 들으면 기분이 좋아집니다. 그래서 자기를 칭찬한 사람과 사이도 좋아집니다. 칭찬을 들으면 더 열심히 노력하고 싶은 마음이 저절로 생깁니다.

칭찬에도 요령이 있습니다. 잘한 일의 결과만 칭찬할 것이 아니라, 노력한 과정도 칭찬해야 합니다.

칭찬할 때는 밝은 표정을 짓고 다정한 목소리로 합니다. 그리고 칭찬할 상대가 잘한 점에 대해 자기의 마음을 보태서 말하면 효과가 더 좋습니다. 예를 들어 달리기를 잘하는 친구에게는 "와, 너 정말 달리기 잘한다. 너처럼 달리기를 잘하려면 어떻게 해야 하니?"라고 말하는 것이죠.

▲누군가를 칭찬하면 칭찬하는 사람의 기분도 좋아진다.

6 다른 사람과 소통할 때 어떤 태도를 가져야 하는지 나만의 규칙을 다섯 가지만 만들어요

다른 사람과 소통할 때 지켜야 할 태도

1. 친구가 말할 때는 끼어들지 말고 끝까지 듣는다.

2.

3.

4.

5.

7 아래 글과 책의 내용을 참고해, 친구들과 사이좋게 지내려면 예절 바른 대화 방법을 익히는 일이 중요한 까닭을 말해 보세요(200~250자).

초등학생의 고민 가운데 1위는 '친구 관계'라고 한다. 친구와 사이좋게 지내고 싶은데, 뜻대로 잘 안 되기 때문이다. 친구와 놀이를 할 때 지켜야 할 규칙이 있듯 대화를 나눌 때도 지켜야 할 예절이 있다. 혼자만 돋보이려고 말을 많이 하거나, 친구가 말할 때 눈을 마주치지 않고 건성으로 들으면 안 된다. 말하는 중간에 친구의 생각을 묻고, 공감하는 말을 건네면 대화가 즐거워진다.

<신문 기사 참조>

▲'너의 생각은 어때', '고마워'라는 말이 쓰인 공감 팔찌.

09 국내 문학
편견은 쉽게 생기지만 노력하면 없앨 수 있어

『쿵쿵이는 몰랐던 이상한 편견 이야기』

허은실 지음, 풀빛 펴냄, 48쪽

줄거리

어느 날 쿵쿵이 짝꿍 마리가 이상한 안경을 쓰고 학교에 왔습니다. 안경을 쓴 마리는 남자가 뜨개질을 한다며 놀리고, 고기를 안 먹는 친구의 흉을 봅니다. 자기 의견만 옳다며 고집도 부리지요. 쿵쿵이는 우연히 마리가 벗어 둔 안경을 써 보았는데, 그 안경은 친구들을 제멋대로 판단하는 안경이었습니다. 쿵쿵이는 엄마와 마리의 안경에 대해 이야기를 나누며 편견이 왜 생기고, 편견이 생기면 어떻게 되는지 알게 됩니다.

안경을 쓰자 제멋대로 사람을 판단하게 돼

▲반 아이들 모두 마리처럼 제멋대로 사람을 판단하고 있다.

 (가)어느 날 내 짝꿍 마리가 이상한 안경을 쓰고 나타났어. 마리는 찬바람이 쌩쌩 느껴질 만큼 확 달라졌어.
 "남자애가 뜨개질이 다 뭐야! 고기를 못 먹는 사람도 있다고? 늘 알쏭달쏭한 표정으로 히죽히죽 헤 웃기나 하고. 하나같이 다 이상해!"
 마리는 하나부터 열까지 자기 생각이 옳다고 우겼어. 아이들은 마리가 무서워서 슬금슬금 맞장구를 치더니, 어느새 마리의 생각을 곧이곧대로 받아들였어. 이제 교실이 온통 마리와 같은 생각으로 가득 찼어.
 때마침 마리가 수돗가에 안경을 벗어 놓고 갔어. 나는 떨리는 손으로 이상한 안경을 슬쩍 집어 몰래 써 보았어. 맙소사! 제멋대로 사람을 판단하는 안경이지 뭐야! 안경을 쓰자 이런 생각들이 한꺼번에 떠올랐어.
 '남자는 씩씩해야지. 왜 여자처럼 툭하면 울어? 장애인은 몸이 불편해서 아무것도 못할 거야. 뚱뚱한 걸 보니 엄청 게으를 거야. 여자애가 축구라니 정말 안 어울린다. 얼굴이 예쁘니 공부도 잘하겠지?' (1~5, 7, 12~14쪽)

편견이 쌓이면 나도 다른 사람들도 힘들어져

▲개에 물린 경험이 있는 사람은 작은 개만 봐도 크게 놀란다.

(나)나는 엄마한테 마리의 이상한 안경에 대해 얘기했어. 그러자 엄마는 고개를 갸우뚱거렸어.

"사람에게는 여러 가지 모습이 있는데, 어떻게 한 가지만 보고 그 사람을 판단할 수 있겠니. 편견은 한쪽으로만 치우친 생각이야."

나는 예쁘면 성격이 좋고, 백인이 흑인보다 더 똑똑하고, 인형은 여자아이만 갖고 노는 거라고 생각했어. 엄마는 내가 가진 생각들도 편견이라고 말씀하셨어. 나는 이상한 안경을 쓰지도 않았는데 왜 편견이 생겼을까? 편견은 경험 때문에 생기기도 해. 개에게 물리면 개는 모두 위험하다는 편견이 생기지. 보고 듣기만 해도 편견이 생길 수 있어. 드라마에서 여자는 설거지하고 남자는 책 보고, 집에서 엄마는 밥을 차리고 아빠는 텔레비전만 보면 집안일은 여자만 한다는 편견이 생기지. 이렇게 생긴 편견이 차곡차곡 쌓이면 나도 다른 사람들도 모두 힘들어져.

다음 날 난 혼자 있는 마리에게 가서 엄마와 나눈 이야기를 들려 줬어. 마리는 한숨을 쉬더니 안경을 벗었어. (14~15, 17~20, 27쪽)

생각이 쑤욱

1 우리 반 친구들이 모두 마리처럼 '이상한 안경'을 쓰고 생활한다면 교실에서 어떤 일이 벌어질까요?

▲나와 다른 생각을 가진 친구를 손가락질하고 있다.

머리에 쏘옥

편견이 강할수록 생각이 좁아져

편견이 강하면 나만 옳고 상대는 틀렸다고 생각할 수 있습니다. 이렇게 되면 나와 생각이 다른 사람의 이야기를 귀담아 듣지 못하지요.

자기만 옳다고 생각하기 때문에 자기와 의견이 다른 상대를 무시하거나 멀리하게 됩니다.

그러면 '우물 안 개구리'처럼 자기 생각이 점점 좁아져 다른 사람들과 의사 소통이 제대로 안 돼 외톨이가 될 수 있답니다.

다른 사람의 생각도 듣고, 새로운 생각을 받아들여야 지식도 늘고 이해력도 커져 공부도 잘할 수 있답니다.

▲편견이 강할수록 색안경을 낀 것처럼 여러 가지 색으로 이뤄진 세상이 모두 한 가지 색으로 보인다.

2 마리가 아래와 같이 말했습니다. 마리의 말에는 어떤 편견이 담겨 있나요?

남자애가 뜨개질이 다 뭐야!	고기를 못 먹는 사람도 있다고?
뜨개질은 여자만 해야 한다.	
남자가 왜 여자처럼 툭하면 울어?	**여자애가 축구라니 정말 안 어울린다.**

생각이 쑤욱

3 쿵쿵이가 '이상한 안경'을 쓰지도 않았는데, 아래의 예들처럼 한쪽으로 치우친 생각을 하게 된 까닭을 말해 보세요.

쿵쿵이의 생각	편견이 생긴 까닭
얼굴이 예쁘면 성격도 좋을 거야.	
백인이 흑인보다 더 똑똑해.	
인형은 여자아이만 가지고 노는 거야.	

4 흥부전에서 편견을 심어 줄 수 있는 내용을 찾고, 그렇게 생각하는 까닭도 생각해 봐요.

옛날에 흥부와 놀부 형제가 살았다. 어느 날 동생 흥부는 굶주림에 시달리다가 배고픈 가족을 위해 형인 놀부를 찾아가 쌀을 좀 달라고 했다. 그러자 욕심 많은 놀부는 호통을 치면서 흥부를 내쫓았다.

▲흥부가 쌀을 달라고 하자 놀부가 화를 내는 모습.

머리에 쏘옥

편견은 왜 생길까

편견은 경험이 부족하거나, 아는 것이 적으면 쉽게 생깁니다.

스스로 경험하거나 보고 들은 것만 전부라고 생각할 수 있기 때문이지요.

예를 들어 드라마에서 뚱뚱한 사람이 늦잠을 자거나 자주 지각하는 장면을 계속 볼 경우, 뚱뚱하면 게으르다는 잘못된 생각이 생길 수 있답니다.

하지만 이러한 내용이 나오는 드라마는, TV를 보는 사람들을 더 재미있게 하려고 과장한 것이랍니다.

▲뚱뚱하면 게으르다는 생각은 편견이다.

생각이 쑤욱

5 내가 아는 사람 가운데 편견을 이겨 내고 자기 뜻을 이룬 사람을 찾아, 그가 어떤 편견을 어떻게 이겨 냈는지 이야기하세요.

▲미국의 버락 오바마 전 대통령. 흑인이 백인보다 능력이 없다는 편견을 깨고, 2009년에 미국 최초로 흑인 대통령이 되어 8년간 미국을 다스렸다.

머리에 쏘옥

편견을 이겨 낸 사람들

미국에는 흑인이 백인보다 능력이 떨어져서 대통령이 되지 못한다는 편견이 있어요. 그런데 버락 오바마(1961~)는 이러한 편견을 이겨 내고 흑인 최초로 미국의 대통령이 되었답니다.

영국의 과학자인 스티븐 호킹(1942~2018)은 루게릭병에 걸리면 곧 죽는다는 편견을 깨고, 21세부터 76세까지 병과 싸우면서 우주의 신비를 밝혔답니다.

박지성 선수의 경우 운동선수는 덩치가 커야 성공한다는 편견을 깨고, 남들보다 더 열심히 노력해서 훌륭한 축구선수가 되었답니다.

▲박지성 선수가 골을 넣고 기뻐하는 모습.

6 마리가 '이상한 안경'을 벗은 뒤 어떻게 지낼지 뒷이야기를 지으세요.

☞마리가 축구하는 여자 친구를 보거나 고기를 먹지 않는 친구를 보았을 때 어떻게 행동할지 생각해요.

마리는 이상한 안경을 벗은 뒤 더 이상 외롭게 혼자 지내지 않았다.

생각이 쑥욱

7 아래 교과서를 그대로 배울 경우 남자와 여자에게 각각 어떤 편견이 생길 수 있으며, 이러한 편견을 없애려면 교과서를 어떻게 고쳐야 할지 말해 보세요(200~250자).

교과서에서 남자는 태권도나 축구 등 운동을 하는 사람으로, 여자는 무용을 하거나 요리를 하는 사람으로 표현된다. 또 남학생은 장난을 심하게 치거나 남에게 피해를 주는 장면에 나오고, 여학생은 아무 말도 못하고 힘든 표정만 짓고 있다. 남자와 여자에 대한 편견을 심어 줄 수 있는 내용이다.

▲여자가 무용을 하고 남자는 축구를 하는 모습을 바꿔서 표현했다.

<신문 기사 참조>

10 세계 문학
틸틸과 미틸이 들려주는 파랑새의 진짜 모습

『교과서 속 세계 명작 **파랑새**』

모리스 마테를링크 지음, 고래가숨쉬는도서관 펴냄, 68쪽

줄거리

　크리스마스 이브에 남매인 틸틸과 미틸은 앞집에서 열린 화려한 파티를 보며 부러워합니다. 그날 이웃집 할머니가 남매를 찾아옵니다. 할머니는 몸이 아픈 손녀에게 파랑새를 선물하고 싶다고 합니다. 둘은 할머니를 위해 파랑새를 찾아 모험을 떠나지만 구하지 못하고 집으로 돌아옵니다. 다음날 새장 안에 있던 새가 어젯밤보다 더 파랗게 변한 모습을 보았습니다. 틸틸과 미틸은 그토록 찾던 파랑새가 늘 함께 있던 새였고, 파랑새가 아주 가까운 곳에 있었다는 사실을 압니다.

본문 맛보기

손녀 위해 파랑새 찾아 달라는 할머니 부탁 받아

▲틸틸과 미틸은 할머니에게 아픈 손녀를 위해 파랑새를 찾아 달라는 부탁을 받는다.

(가)"너희들이 입은 옷도 예쁘고, 너희들이 먹는 음식도 맛있고, 너희들이 사는 집도 근사하단다." "우리 옷은 비단이 아니고 맛있는 음식 대신 매일 맛없는 감자를 먹잖아요. 또 우리 집은 작고 낡았어요." 미틸이 볼멘소리로 말했어요. "그렇지만 너희들은 예쁘고, 엄마가 해 주시는 음식도 맛있잖니? 또 너희 집은 따뜻하고 아름답지." "<u>애들아, 보이는 게 다가 아니란다. 보이지 않는 게 더 중요한 법이야. 사랑하는 마음만 있다면 모든 것이 예뻐 보인다는 것을 기억하렴.</u>" 틸틸과 미틸은 할머니가 더는 무섭지 않았어요. 오히려 따뜻하고 다정하게 느껴졌지요. "틸틸, 미틸, 너희들이 나 대신 내 손녀를 위해 파랑새를 찾아다 주지 않겠니?" "이건 시간을 거꾸로 돌리는 마법 모자란다. 모자를 쓴 뒤 모자에 달린 이 다이아몬드 단추를 돌려 보렴." 틸틸은 할머니에게서 모자를 받아 머리에 쓰고 다이아몬드 단추를 돌렸어요. 그러자 정말 믿을 수 없는 일이 일어났어요. 등이 굽은 이웃집 할머니는 아름다운 여왕으로 변하고 초라한 오두막집은 보석을 박은 것처럼 반짝반짝 빛이 났어요. (17~20쪽)

본문 맛보기

파랑새 가져다 주자 할머니 손녀의 병 나아

(나) "우리가 너무 오랫동안 여행을 해서 엄마도 외로웠지요?" "무슨 소리니, 미틸? 꿈이라도 꾼 모양이로구나." 엄마는 사랑스러운 두 아이에게 입맞춤을 하며 말했어요. 틸틸은 기쁜 마음으로 파랑새를 할머니에게 건넸어요. "고맙구나! 넌 정말로 착한 아이로구나!" 할머니는 기뻐하며 새장을 들고 돌아갔어요. 틸틸과 미틸은 집안 구석구석을 둘러보았어요. "엄마, 아빠, 우리 집이 훨씬 아름다워졌어요. 엄마와 아빠도 훨씬 멋있고요." 문을 열자 아름다운 소녀가 파랑새를 품에 안고 서 있었어요. 할머니가 뒤따라와 눈물을 훔치며 기쁜 소식을 전했어요. "기적이 일어났어요! 손녀가 파랑새를 주니까 침대에서 벌떡 일어났지 뭐예요." 틸틸이 이렇게 말하며 파랑새에게 손을 뻗을 때였어요. 파랑새가 손녀의 손에서 빠져나가 하늘로 훨훨 날아가 버렸어요. "어머 파랑새가 날아가 버렸어!" 소녀가 울상을 지었어요. 틸틸이 소녀를 달래며 약속했어요. "울지 마. 내가 파랑새를 잡아 줄게. 진짜 행복을 가져다주는 파랑새는 멀리 있지 않거든." (53~56쪽)

▲파랑새는 멀리 있는 게 아니라 자기 주변에 있다.

생각이 쑥

1. 틸틸과 미틸은 파랑새를 찾아 나서기 전에 어떤 불만이 있었나요?

머리에 쏘옥

행복을 찾는 이유

▲주인공 틸틸과 미틸은 파랑새를 찾아 모험을 떠난다.

사람들이 행복을 찾는 까닭은 자신에게 무엇인가 부족하다고 생각하기 때문입니다.

어떤 사람은 자기가 바라지 않는 일을 억지로 해야 하기 때문에 불행하게 생각하고, 어떤 사람은 돈이 없어 불행하다고 생각하지요.

하지만 부족함이 없이 모든 것을 가진 사람은 행복할까요? 눈에 보이는 것들을 모두 가졌다고 해서 행복한 건 아니에요. 자신에게 주어진 것들에 만족하고 감사하며 살면 큰 행복을 얻을 수 있답니다.

2. 사람들을 불행하게 하는 것 다섯 가지를 주황색 주머니에, 행복하게 하는 것 다섯 가지를 파란색 주머니에 각각 담으세요.

3. (가)의 밑줄 친 부분에서 '눈에 보이지 않지만 나에게 소중하고 행복을 주는 것'을 세 가지만 들어보세요.

생각이 쑤욱

4 틸틸과 미틸은 파랑새를 찾아 여러 곳을 다녔지만 결국 찾지 못했어요. 그토록 찾아다녔던 파랑새가 왜 가난한 틸틸과 미틸의 집에 있었을지 이 책의 지은이가 되어 알려 주세요.

▲이 책을 지은 모리스 마테를링크.

5 틸틸과 미틸은 진정한 행복이 무엇인지 깨닫고, 스스로 불행하다고 생각하는 사람들에게 행복을 알려 주는 '행복 전도사'가 되었어요. 아래 임명장의 내용을 채워요.

```
               행복 전도사 임명장
                            이름 : 틸틸과 미틸

   위 사람들은 _____
   _____
   _____
   _____ 이므로 행복 전도사로 임명합니다.

              ○○○○ 년 ○○ 월 ○○ 일
                 행복을 찾는 사람들
```

머리에 쏘옥

행복은 어디에 있을까

이 책을 지은 벨기에의 작가 모리스 마테를링크(1862~1949)는 눈에 보이지 않는 '행복'을 보여 주기 위해 '파랑새'로 나타냈습니다. 파랑새는 누구나 가지고 싶어하는 행복을 가리키는 말이지요.

지은이는 행복은 멀리 있는 것이 아니라 주변에 항상 있다고 알려 줍니다. 어린이들은 맑은 공기를 마실 수 있는 행복과 아름다움을 느낄 수 있는 행복, 부모의 사랑을 받을 수 있는 행복 등처럼 평범한 것이 얼마나 고마운지 잘 알지 못하거든요.

틸틸과 미틸은 꿈속의 여행을 통해 이것을 알게 됩니다. 둘은 파랑새를 찾기 위해 이곳저곳을 여행하며 기대도 하고 실망도 하지만, 파랑새는 모험 뒤에 다시 찾은 생활 속에 있었습니다.

행복이란 특별한 사람에게만 있는 값 비싼 보물이 아닙니다. 행복은 누구나 가질 수 있고, 항상 곁에 있는 친구 같은 것이랍니다.

▲파랑새

생각이 쑥

6 행복이와 행운이는 행복에 관해 생각이 다릅니다. 나는 누구의 의견에 찬성하며, 왜 그렇게 생각하는지 밝히세요.

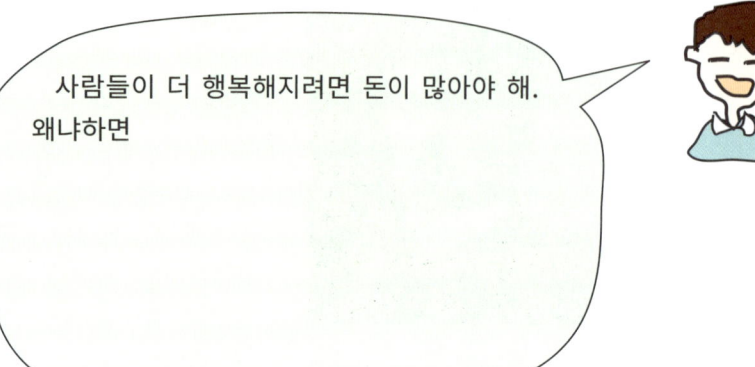

사람들이 더 행복해지려면 돈이 많아야 해. 왜냐하면

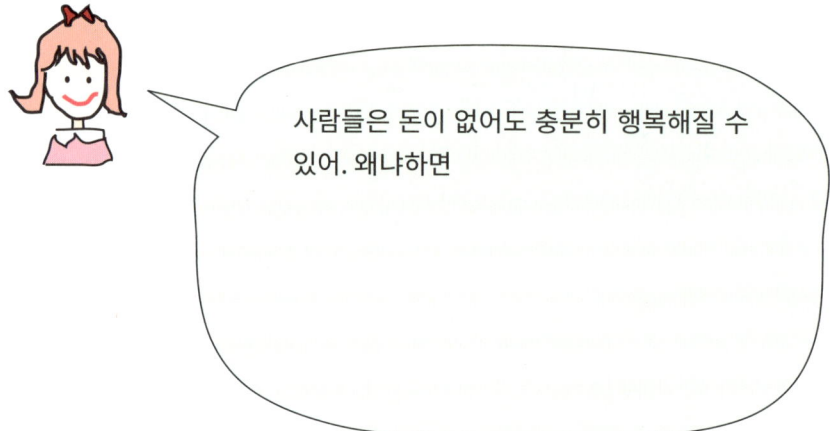

사람들은 돈이 없어도 충분히 행복해질 수 있어. 왜냐하면

머리에 쏘옥

실로 재는 행복

옛날 어떤 사람이 신발을 사려고 실로 자기 발의 길이를 쟀습니다. 그런데 실을 깜박 잊고서 시장에 갔지요. 마음에 드는 신발을 고른 뒤에 집으로 돌아가 실을 가져왔지만, 신발가게는 이미 문을 닫아 결국 신발을 살 수 없었습니다.

이를 지켜보던 사람이 말했지요. "직접 신어서 사면 되지 실이 왜 필요합니까?"

그러자 그 사람이 대답했어요. "나는 실은 믿을 수 있어도 내 발은 믿을 수 없소."

행복도 이와 비슷합니다. 사람들은 발의 길이를 재는 실처럼 행복을 재는 기준이 따로 있을 거라고 생각합니다. 행복은 자신의 발처럼 스스로 느끼는 것인데, 자꾸 행복과 상관없는 기준을 정하고, 다른 사람과 비교하며 따진답니다.

▲행복함을 느끼는 기준은 사람마다 다르다.

생각이 쑤욱

7 우리나라 초등학생들은 왜 행복하지 않으며, 어떻게 하면 행복해질 수 있는지 밝히세요(200~250자).

우리나라의 초등학생들은 스스로 행복하지 않다고 여긴다. 한 단체가 최근 발표한 '어린이·청소년 행복 지수 국제 비교 연구'에서 우리나라 어린이의 행복 지수는 조사한 23개 나라 가운데 19위라고 밝혔다. 여기서 행복 지수는 학교 생활과 가족 관계에 만족하는지와 외로움을 느끼는 정도를 말한다. 전문가들은 우리나라 초등학생들의 행복 지수가 낮은 이유로, 한창 뛰어놀 시기에 학원을 서너 군데씩 다녀야 하고, 학습 시간이 많으며, 공부 경쟁이 지나치기 때문이라고 지적했다.

▲학습에 열중하는 초등학생들.

<신문 기사 참조>

11 세계 문학 — 실수하면 어때… 도전해야 배울 수 있어

『절대로 실수하지 않는 아이』

마크 펫 외 지음, 두레아이들 펴냄, 36쪽

줄거리

　베아트리체는 무슨 일이든지 실수하는 법이 없습니다. 그래서 '절대로 실수하지 않는 아이'로 불립니다. 실수할 뻔했던 일이 생기기만 해도 그 일이 떠올라서 하루 종일 시무룩하게 지냅니다. 친구들 앞에서 실수로 넘어질까 봐 스케이트도 함께 타지 못합니다. 그런데 어느 날 장기 자랑 대회에 나가 공연을 하다가 실수한 뒤, 완벽해야 한다는 부담감에서 벗어납니다. 그런 뒤 넘어지는 것을 두려워하지 않고 스케이트에 도전하면서 친구들과 함께 신나게 놉니다.

본문 맛보기

'절대로 실수하지 않는 아이'라는 별명 얻어

▲베아트리체는 실수할 뻔했던 일이 자꾸 떠올라서 시무룩해졌다.

(가)마을 사람들이 베아트리체에게 공연 준비는 다 됐냐고 물었습니다.

"그럼요!"

베아트리체는 장기 자랑 대회에서 3년간 우승했거든요. 사람들은 베아트리체를 '절대로 실수하지 않는 아이'라고 부릅니다. 실수하는 모습을 본 적이 없거든요.

학교에서 베아트리체는 빵을 만들려고 달걀을 옮기다 미끄러져서 넘어지고 말았습니다. 베아트리체가 처음 실수하려던 순간이었지만, 달걀은 하나도 깨지지 않았어요.

"정말 큰일날 뻔했네!"

베아트리체는 실수할 뻔했던 일이 자꾸 떠올라 하루 종일 시무룩하게 지냈어요.

얼음판에서 스케이트를 타던 친구들이 베아트리체를 불렀어요.

"같이 놀자. 정말 재미있어!"

친구들은 미끄러져 넘어졌는데도 깔깔대며 웃었습니다.

"괜찮아, 나는 집에 갈래."

베아트리체는 실수로 넘어질까 봐 두려웠거든요. (2~5쪽)

> 본문 맛보기

실수하면서 배운다고 생각하니 두렵지 않아

▲베아트리체는 실수하면서 배운다는 사실을 깨달은 뒤, 친구들과 함께 스케이트를 탔다.

(나)베아트리체가 밥에 거의 손도 안 대고 남겼어요. 오늘 밤에 공연을 하다가 실수할까 봐 겁이 났기 때문이지요.

학교 강당에는 사람들이 꽉 찼어요. 베아트리체는 가슴이 뛰기 시작했어요.

그런데 소금 통 대신 후추 통을 챙겨 오는 바람에 햄스터가 재채기를 하면서 풍선을 할퀴었어요. 그러자 풍선이 터지고 공연은 엉망이 되어 버렸죠.

베아트리체가 사람들 앞에서 처음 한 실수였어요. 눈물이 나려고 해서 숨고 싶었지요. 그런데 일등은 하지 못했어도 최선을 다했다는 생각이 들었고, 마음이 편해져서 그냥 웃어 버렸답니다. 사람들도 어리둥절하다가 키득키득 웃기 시작했습니다.

그날 밤, 베아트리체는 더 연습해 내년에는 잘하겠다고 다짐하며 편히 잠들었습니다. 다음날 베아트리체는 친구들과 얼음판에서 넘어지면서 스케이트를 즐겼습니다. (27~28, 34쪽)

생각이 쑤욱

1 실수란 무엇이라고 생각하나요?

☞ 실수란 밥이다. 누구나 실수하면서 크기 때문이다.

머리에 쏘옥

실수를 두려워하면 경험이 부족해져요

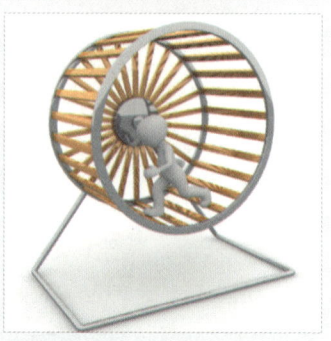

▲실수를 두려워하면 선풍기처럼 매일 같은 일을 반복하게 되어 발전이 없다.

실수가 두려워 잘하는 일만 계속하고 새로운 일에 도전하지 않으면 다양한 경험을 할 수 없습니다. 경험이 부족하면 자기가 무엇을 좋아하고, 잘하는지도 알 수 없지요. 그러면 새로운 일을 배우기 어렵고, 달라진 환경에 적응하는 시간도 남보다 길어집니다.

실수를 두려워하면 베아트리체처럼 한 번만 실수해도 그 일이 계속 떠올라, 다른 일에 집중하기도 어렵습니다.

2 베아트리체는 왜 실수를 두려워할까요? 나의 경험을 예로 들어 말해 보세요.

▲수업 시간에 엉뚱한 대답을 하자, 반 아이들이 웃음을 터뜨려서 어쩔 줄을 모르고 있다.

생각이 쑤욱

3 베아트리체는 미끄러지는 게 두려워서 친구들과 함께 스케이트도 타지 않습니다. 계속 이렇게 생활하면 어떤 문제가 생길까요?

▲다른 사람 앞에서 실수하는 모습을 보일까 두려워하면, 학교에도 가기 싫고, 점점 혼자 있는 시간이 많아진다.

머리에 쏘옥

실수는 배움의 기회

어떤 일에 도전하고 실수하면서 힘든 마음을 느껴 봐야 스스로 깨닫고 배울 수 있습니다.

실수를 이겨 내는 경험이 쌓이면 자신감이 생겨서 무엇이든지 쉽게 도전해서 더 많이 배울 수 있지요.

성공하려면 수만 번의 실수를 경험해야 합니다. 실수 없이 처음부터 잘하는 사람은 없답니다.

▲학생들이 실수를 통해 배운 점을 서로 이야기하는 수업을 하고 있다.

4 베아트리체는 공연을 하다가 큰 실수를 했는데도, 왜 그날 밤 마음 편하게 잠들 수 있었나요?

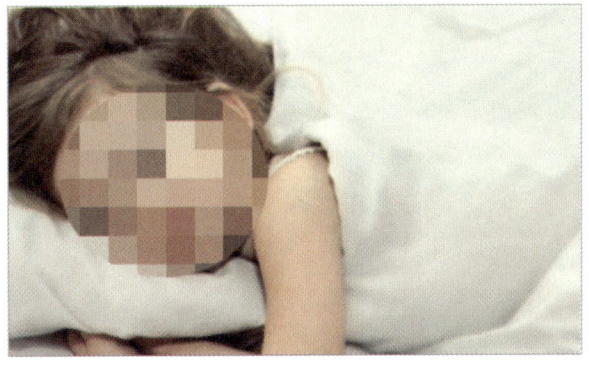

▲실수해도 다음에 잘하면 된다고 생각하면 마음이 편해진다.

생각이 쑤욱

5 '에디슨의 전구 발명'을 예로 들어 실수는 성공을 위한 소중한 경험이라고 주장해 보세요.

미국의 발명왕 에디슨(1847~1931)은 전구를 발명할 때 2000번의 실험 끝에 성공했습니다. 한 기자가 에디슨에게 그렇게 많이 실패했는데, 실패했을 때의 기분이 어떠했느냐고 물었습니다. 에디슨은 이렇게 대답했습니다. "실패라니요? 저는 한 번도 실패한 적이 없습니다. 다만 2000번의 단계를 거쳐서 전구를 발명했을 뿐입니다."

▲수많은 실수와 도전 끝에 전구를 발명한 에디슨.

머리에 쏘옥

실수의 두려움을 이기는 방법

실수는 누구나 합니다. 그러니 나도 할 수 있다고 생각하면 됩니다.

친구들과 실수한 경험을 나눠 보세요. 실수에 대한 두려움이 사라져서 마음이 한결 편해질 거예요.

실수했을 때는 부끄럽거나 마음이 아픈 기억을 빨리 잊어야 합니다. 그리고 왜 실수했는지 찾아서 고치려고 노력해야지요. 휴식을 충분히 취하는 것도 실수를 줄일 수 있는 방법입니다.

▲책을 읽으면서 휴식을 취하면 마음이 편해지고 스트레스도 사라진다.

6 실수의 두려움을 이겨 내는 나만의 방법을 친구들에게 알려 주세요.

생각이 쑤욱

7 올해 꼭 도전하고 싶은 일을 한 가지 정한 뒤, 날마다 실천하면서 실수했을 때 '실수 일기'를 써 보세요(200~250자).

새로 도전한 일과 그 일을 하다가 실수한 점을 떠올려 일기로 적는다. 잘 실천한 점은 스스로 칭찬해 주고, 실수했으면 왜 그런지 생각해 본다. 그리고 같은 실수를 다시 하지 않으려면 어떻게 해야 할지 적는다. 이렇게 하다 보면 실수가 줄고, 실수에 대한 두려움도 사라져서 크게 성장할 수 있다.

▲실수한 까닭과 실수를 통해 배운 점을 적고, 실수를 줄이기 위해 노력하면 크게 성장한다.

<신문 기사 참조>

12 세계 문학

예절을 잘 지키면 서로가 기분 좋아

『괴물 예절 배우기』

조안나 코울 지음, 시공주니어 펴냄, 48쪽

줄거리

　괴물에게는 서로 싸우고 부수는 것이 지켜야 하는 예절입니다. 로지는 작지만 흠잡을 데 없는 괴물입니다. 하지만 괴물이 지켜야 하는 예절을 자주 잊어버립니다. 로지의 부모님과 친구 프루넬라는 로지에게 괴물 예절을 가르치지만 고쳐지지 않습니다. 어느 날 로지네집 수도관이 터져 집이 물바다가 됩니다. 로지의 부모님과 프루넬라는 배관공에게 전화를 겁니다. 하지만 배관공은 괴물의 겁나는 말투에 놀라 전화를 끊어 버립니다. 이때 로지가 다시 전화해서 상냥하게 부탁하자 배관공이 바로 오겠다고 합니다.

본문 맛보기

로지는 괴물이 지켜야 하는 예절 안 지켜

▲괴물들은 예절을 지키지 않는 게 예절이지만 로지는 괴물답지 않게 자꾸 예절을 지켜서 걱정이다.

(가)괴물들은 친구들과 싸우며 장난감을 망가뜨린다고들 합니다. 하지만 로지는 누구하고나 사이좋게 지냈어요. 그래서 로지의 엄마는 무척 걱정스러웠습니다. 괴물들은 거칠게 으르렁거리면서 전화를 받는다고들 합니다. 하지만 로지는 괴물들이 지켜야 하는 예절을 잊어버리고 상냥한 목소리로 "여보세요." 했지요. 로지의 친구 프루넬라가 로지에게 예절을 가르치게 되었습니다. 프루넬라는 로지를 데리고 식당에 갔어요. 로지는 냅킨을 펴고, 포크와 스푼으로 음식을 먹었습니다. 그리고 프루넬라에게 소금을 건네 달라고 하며, 괴물 예절을 잊어버리고 "미안하지만"이라는 말을 했어요. 프루넬라는 화를 냈습니다. "너는 노력조차 안 하고 있어." "이번에는 괴물들의 방문 예절을 공부하자. 우리 네드 삼촌 집에 쳐들어가는 거야." 로지는 "처음 뵙겠습니다."라고 인사하고 소파에 얌전히 앉았습니다. 네드 삼촌은 끔찍해 했어요. (8~31쪽)

본문 맛보기

예의 바른 말로 부탁하니 수도관 고쳐 줘

(나)로지와 프루넬라가 로지의 집에 도착하니, 집은 엉망이었습니다. 수도관이 터져서 여기저기에서 물이 마구마구 쏟아져 나오고 있었어요. 로지의 엄마는 배관공에게 전화를 걸어 으르렁거렸어요. 배관공이 전화를 끊어 버렸어요. 로지의 아빠가 전화를 걸어 고함을 질렀어요. 배관공이

▲로지의 집에 수도가 고장이 나서 집 안에 물이 넘치고 있다.

전화를 딱 끊어 버렸지요. 프루넬라도 전화를 걸어 보았지만 마찬가지였죠. 이제 집 안에는 있을 만한 데가 없었어요. 물은 점점 불어났습니다. 바로 그때, 로지가 조금도 주저하지 않고 전화를 걸었어요. 그리고 상냥한 목소리로 "여보세요. 우리 집에 물이 새는데요, 미안하지만, 좀 와 주시겠어요?"라고 말했어요. "네, 곧바로 가겠습니다." "고맙습니다." 배관공이 돌아갔습니다. 집 안은 다시 깨끗해졌어요. 로지의 엄마가 로지의 아빠를 보고 말했어요. "여보, 당신도 봤겠지만, 로지의 이상한 예절이 가끔 쓸모 있네요." (34~43쪽)

생각이 쑤욱

1 아래 왼쪽의 글을 읽고, 누구를 말하는 것인지 줄을 그어 이으세요.

괴물의 예절을 잘 지키지 않아요.	• •	로지의 엄마와 아빠
로지에게 괴물 예절을 가르치기 위해 식당과 삼촌 집에 데려가요.	• •	로지
로지가 예절을 못 배워 험한 세상을 어떻게 살아 갈지 걱정해요.	• •	프루넬라

2 괴물이 지켜야 하는 예절이 맞으면 '예', 틀리면 '아니오'를 따라가 보세요.

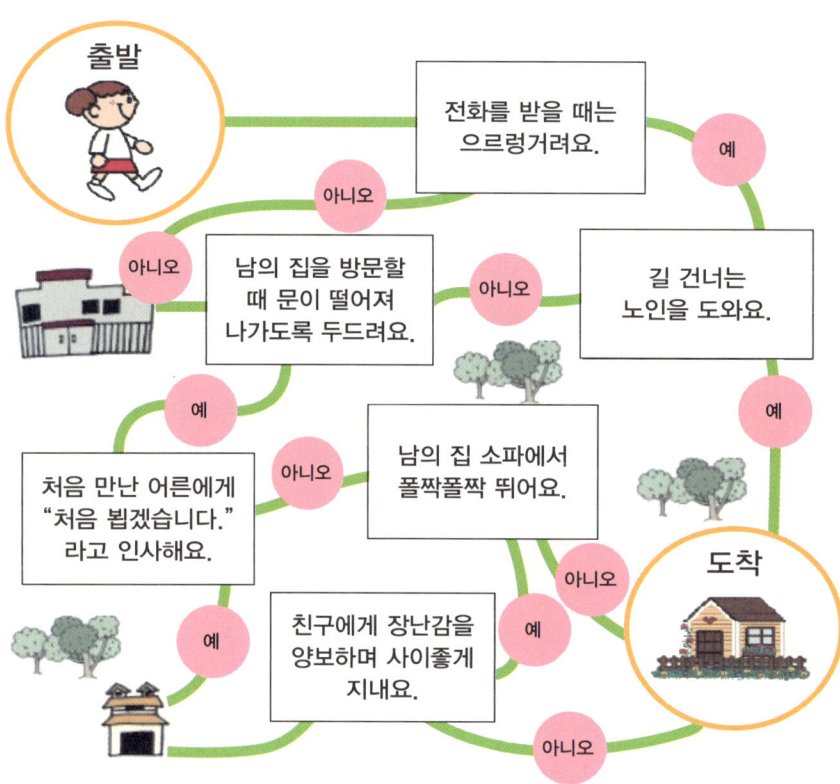

머리에 쏘옥

예절이란 무엇일까

예절은 다른 사람을 배려하고 존중하는 마음을 말이나 행동으로 나타내는 것입니다.

다른 사람을 만나면 인사를 나누고, 부모님이나 선생님 등 웃어른께는 높임말을 사용하는 것이 예절을 지키는 것이죠.

예절을 지키는 일은 남이 시켜서 하지 말고, 스스로의 마음에서 우러나와 실천해야 합니다.

▲인사를 잘하는 것은 가장 중요한 예절이다.

생각이 쑤욱

3 배관공은 로지의 부모님과 프루넬라의 전화는 끊어 버렸지만 로지에게는 친절하게 대답했어요. 왜 그랬을까요?

▲배관공은 로지가 예의를 지키며 부탁하자 기분이 좋아졌다.

머리에 쏘옥

왜 예절을 지켜야 할까

많은 사람들이 함께 사는데, 자기 멋대로 행동하면 다른 사람에게 피해를 주고, 기분도 나쁘게 할 수 있습니다.

예절을 지키면 다른 사람을 존중하는 마음을 나타낼 수 있습니다. 그럼 상대방도 기분이 좋아져 나에게 배려하는 행동을 합니다.

이렇게 서로 예절을 지키면 다툼이 줄고, 기분이 좋아집니다.

▲전철에서는 되도록 휴대전화로 통화를 하지 않는다.

4 (나)의 밑줄 친 부분처럼 로지의 부모님은 로지가 지키는 예절이 필요하다고 생각합니다. 그래서 괴물의 예절을 바꾸기로 하는데, 어떻게 바꿀까요?

괴물 예절	바꾼 예절
지나가는 강아지를 이유 없이 발로 찬다.	
남의 집에 놀러가서 초인종을 줄기차게 열 번이나 누른다.	
어른을 만나면 발을 밟는다.	

생각이 쑥쑥

5 아래 상황에서 나는 어떻게 말하나요? 고칠 점도 말해 봐요.

상황	나의 예절(말이나 행동)
어머니께서 밥 먹으라고 하실 때	몇 번을 불러도 대답하지 않는다.
아버지께서 회사에 가실 때	
동네에서 친구의 부모님을 만났을 때	
할머니와 할아버지께 전화할 때	
고칠 점	

6 우리 가족들이 서로 아끼고 사랑할 수 있도록 가족들 모두 지켜야 할 예절을 세 가지만 정해 액자에 적어요.

☞ 식사할 때 돌아다니며 먹지 않는다.

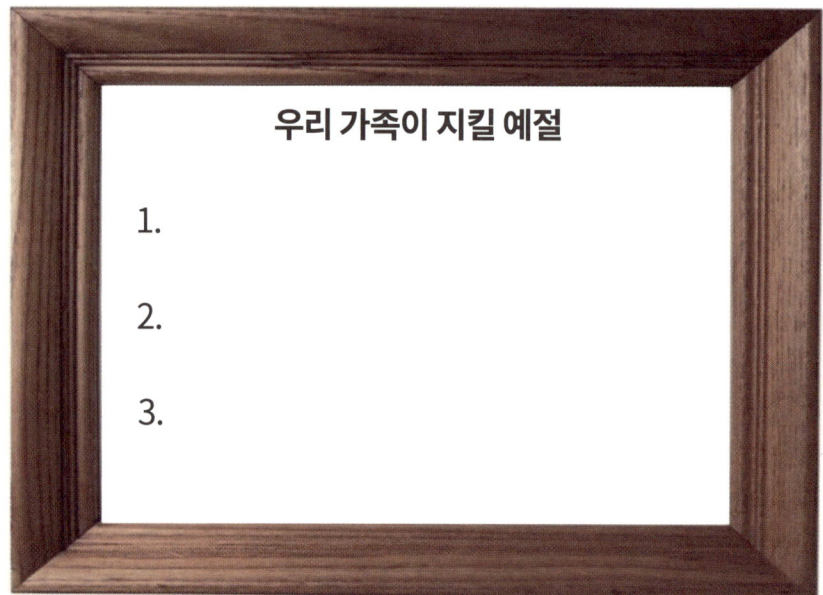

우리 가족이 지킬 예절

1.

2.

3.

머리에 쏙쏙

전화 예절

다른 사람에게 전화를 걸 때도 지켜야 하는 예절이 있습니다. 너무 저녁 늦은 시간에 전화하는 것은 아닌지 확인합니다.

전철이나 공연장 등 공공장소에서는 작은 목소리로 통화해야 하지요.

전화를 걸면 먼저 "여보세요." 하며 인사하고, 자신이 누구인지 밝힙니다. 그리고 전화하려던 곳에 제대로 걸었는지 확인합니다. 그런 뒤 왜 전화를 걸었는지 말합니다.

이때 상대방에 맞는 높임말을 써야 합니다. 전화를 끊을 때도 인사를 합니다.

가족들이 지켜야 할 예절

가족은 가장 가까이서 자주 봅니다. 그러다 보니 가족들이 모이면 마음대로 행동하고, 함부로 말하는 경우가 많습니다.

하지만 가까운 사이일수록 예절을 지켜야 더욱 믿고 아끼는 마음이 커집니다.

식사할 때는 돌아다니지 않고 조용히 앉아 음식을 먹습니다. 예의 바른 말을 써서 서로 기분이 상하는 일이 없도록 해야 하지요. 자기 물건을 스스로 챙기고 정리하는 것도 다른 가족을 배려하는 행동입니다.

생각이 쑤욱

7 예의 바른 말을 쓰면 어떤 점이 좋은지, 내 경험을 예로 들어 말해 보세요(200~250자).

> 서울 한 초등학교에서는 정과 사랑이 넘치는 인사말이 오간다. 학생은 선생님을 만나면 두 손으로 하트를 그리며 "사랑합니다."라고 인사한다. 선생님도 아이들의 머리를 쓰다듬으며 반긴다. 수업 시간에는 선생님과 학생들이 모두 높임말을 쓴다. 예의 바른 말을 쓰면 상대방을 배려하고 아끼는 마음이 커 간다. 다툴 일도 줄고, 조그만 말다툼이 큰 싸움으로 번지는 것도 막을 수 있다.
>
>
> ▲친구들끼리 높임말로 이야기하고 있다.
>
> <신문 기사 참조>

01. 『곰팡이 수지』

♣ 10쪽

1. 예시 답안

　곰팡이는 냉장고 안, 화장실의 바닥과 벽의 타일, 주방 싱크대 주변, 햇볕이 비추지 않는 뒷베란다 등 습기가 많아 눅눅한 곳을 좋아한다.

2. 예시 답안

이로운 일	해로운 일
- 죽은 동물이나 땅에 떨어진 식물 등을 썩게 해서 흙으로 돌려보낸다. - 음식이 썩지 않게 보호한다. -- 음식의 맛과 향을 좋게 한다.	- 음식이나 옷을 상하게 만든다. - 몸의 보드랍고 축축한 곳에 피어 피부병을 일으킨다. - 화장실이나 뒷베란다 등에 생겨 집을 지저분하게 만든다.

♣ 11쪽

3. 예시 답안

　모든 동물이나 식물 등이 썩지 않고 그대로 있기 때문에 지구는 온통 쓰레기로 가득 찬다. 따라서 사람이 살 수 없게 될 것이다.

4. 예시 답안

　몸을 씻고 난 뒤 수건으로 물기를 깨끗이 닦아야 한다. 발가락이나 엉덩이는 드라이어를 쐬어 물기를 모두 없앤 뒤 옷을 입어야 한다.

♣ 12쪽

5. 예시 답안

　곰팡이가 휴식 상태로 들어가서 환경이 좋아질 때까지 기다린다는 것은 아주 오랫동안 살아남을 수 있다는 뜻이다. 곰팡이는 한번 생기면 시간이 오래 흘러도 사라지지 않는다. 곰팡이는 독성이 강해 병에 저항하는 면역력이 약한 노약자에게는 생명에 위협을 줄 만큼 위험하다.

6. 예시 답안

　콩을 푹 삶아서 메주를 만들고, 메주로 된장을 담근다. 물에 된장을 풀고 호박, 두부, 파, 마늘 등 야채를 넣어 함께 끓인다.

♣ 13쪽

7. 예시 답안

　오늘은 곰팡이가 무엇이고, 어떤 일을 하는지를 배웠다. 곰팡이는 겉보기엔 더럽고 음식을 상하게 만들기도 한다. 그런데 사람과 자연에게 이로운 점이 아주 많다. 곰팡이는 죽은 나무와 벌레 등을 흙으로 돌아가게 해 지구를 깨끗하게 만든다. 또 음식의 맛과 향을 좋게 하고, 사람의 병을 치료하는 약으로도 쓰인다. 곰팡이가 아픈 사람을 치료하는 약으로 변신하는 것처럼, 나도 친구가 어려운 일을 당하면 바로 달려가 도움을 주는 사람이 되고 싶다.

02. 『긴긴 겨울잠에 폭 빠진 동물들』

♣ 18쪽

1. 예시 답안

　추운 겨울에 체온을 유지하려면 에너지를 많이 써야 하기 때문이다. 마르모트는 사람과 마찬가지로 기온이 떨어져도 정해진 체온을 똑같이 유지해야 살 수 있다. 체온을 유지하려면 음식을 먹어서 열을 내야 한다. 그런데 겨울에는 먹이를 구하기가 쉽지 않아 체온을 유지하기 어렵다. 그래서 마르모트는 겨울잠을 자기 전에 먹이를 많이 먹어 살을 찌운다.

2. 예시 답안

　밤이나 도토리를 주워 오면 겨울에 다람쥐가 먹을 밤이나 도토리가 부족해진다. 다람쥐는 겨울이 오기 전에 밤과 도토리를 모아 둔 뒤에 겨울잠을 잔다. 자는 동안 체온을 유지하려면 먹이를 많이 먹어 두어야 하는데, 다람쥐는 몸집이 작아서 그럴 수가 없다. 그래서 다람쥐는 겨울잠을 자다가 깨서 모아 두었던 밤이나 도토리를 먹은 뒤 다시 잠을 잔다.

♣ 19쪽

3. 예시 답안

　에너지를 아끼기 위해 심장 박동 수를 줄이는 변화가 일어난다. 주변 온도에 따라 체온이 변하는 동물을 변온 동물이라고 한다. 변온 동물은 겨울에 체온을 조절하지 못하기 때문에 체온이 떨어져 얼어 죽을 수 있다. 그래서 심장 박동 수를 줄이거나 숨을 거의 쉬지 않고, 바깥 온도보다 따뜻한 곳에서 겨울잠을 자면서 겨울을 난다. 박쥐도 변온 동물이라서 겨울에는 동굴 등 따뜻한 곳에서 거꾸로 매달린 채 겨울잠을 잔다. 자는 동안 두 날개로 몸을 감싼 채 에너지를 덜 쓰려고 심장의 박동 수를 떨어뜨린다. 박쥐는 평소 심장 박동이 1분에 500번 뛰지만, 겨울잠을 잘 때면 12번만 뛴다.

4. 예시 답안

▶ 동물의 겨울잠을 연구하면 혼수 상태에 빠진 사람을 치료하는 데 도움이 된다. 사람의 뇌는 혼수 상태에 빠지면 정상으

초등학생 문해독서 초급 3호 답안과 풀이

로 되돌아오지 못하지만, 동물은 겨울잠에서 깨면 몸의 기능이 정상으로 돌아온다.

▶ 동물의 겨울잠을 연구하면 수술할 때 도움이 된다. 겨울잠을 자는 동물처럼 사람의 체온을 낮추면 피를 흘리지 않고 수술할 수 있기 때문이다.

▶ 동물의 겨울잠을 연구하면 우주 여행을 할 때 도움이 된다. 시간이 오래 걸리는 우주 여행을 하는 동안 사람도 동물처럼 겨울잠을 잘 수 있다면, 소비되는 음식과 산소의 양을 줄일 수 있다.

♣ 20쪽

5. 예시 답안

동물들이 겨울잠을 자는 이유는 먹을 것이 부족해져 에너지를 얻기 어렵기 때문이다. 그런데 동물원에 사는 곰과 가정에서 키우는 고슴도치는 늘 먹이가 충분히 주어지고, 따뜻한 우리나 실내에서 지내기 때문에 겨울잠을 잘 필요가 없다.

6. 예시 답안

다람쥐
겨울만 되면 잠이 솔솔 온다
잠을 자다 보면 살살 배가 고프다
도토리를 오도독 오도독
밤을 와그작 와그작
먹으면서도 졸음이 솔솔
배부르니 잠이 스르륵 스르륵

♣ 21쪽

7. 예시 답안

반달곰이 겨울잠을 자지 못하면 먹이를 구하려고 돌아다니게 된다. 그러다 사람을 마주치면 놀라서 공격할 수도 있고, 먹이를 구하지 못하면 굶어 죽을 수도 있다. 그러니 사람들은 반달곰이 겨울잠을 잘 자도록 도와야 한다. 반달곰의 겨울잠을 방해하지 않으려면 등산할 때 정해진 등산로를 따라 다녀야 한다. 또 '야호'하며 큰 소리를 지르거나 소란을 피우지 말아야 한다.

03. 『물은 어디서 왔을까?』

♣ 26쪽

1. 예시 답안

| 젖은 머리카락이 마른다. |

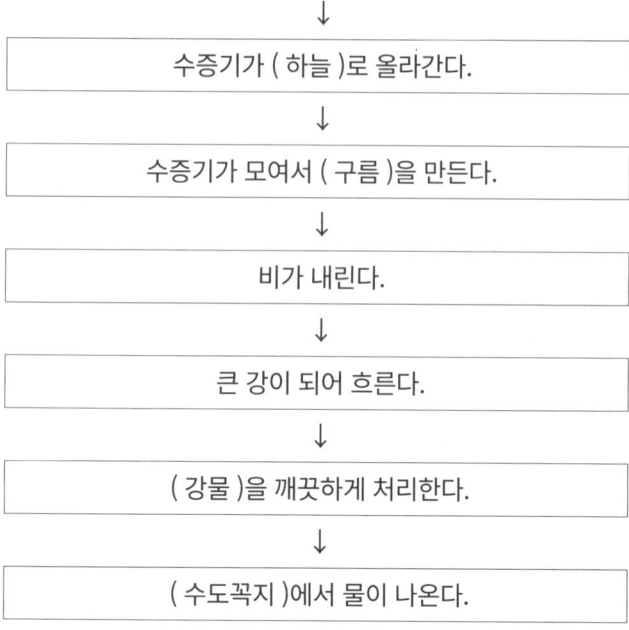

↓
수증기가 (하늘)로 올라간다.
↓
수증기가 모여서 (구름)을 만든다.
↓
비가 내린다.
↓
큰 강이 되어 흐른다.
↓
(강물)을 깨끗하게 처리한다.
↓
(수도꼭지)에서 물이 나온다.

2. 예시 답안

증발은 물이 수증기로 바뀌는 현상을 말한다. 빨래가 마르려면 물이 수증기로 변해서 공기 중으로 날아가야 한다. 그런데 햇볕이 쨍쨍 내리 쬐면, 기온이 높아지고 건조해서 증발이 잘 일어난다.

♣ 27쪽

3. 예시 답안

▶ 물은 사라지거나 새로 만들어지는 것이 아니라 돌고 돌기 때문이다.

▶ 내가 쓴 물은 사라지는 게 아니라 정수센터를 거쳐서 다시 내게로 오기 때문이다.

▶ 지구에 물은 많지만 사람이 쓸 수 있는 물의 양은 매우 적기 때문이다.

4. 예시 답안

▶ 이를 닦을 때는 양치 컵에 물을 받아서 한다.
▶ 설거지할 때는 물을 받아서 한다.
▶ 목욕할 때는 욕조에 물을 받는다.
▶ 목욕한 물은 화초에 주거나 청소할 때 한 번 더 사용한다.
▶ 빨래는 한 번에 모아서 한다.

♣ 28쪽

5. 예시 답안

어느 겨울날 하늘에서 눈이 내려 지붕에 소복소복 쌓였다. 다음 날 아침 햇볕이 비추자 눈이 녹아서 물이 되어 처마 밑으로 똑똑 떨어지고 있었다. 갑자기 찬바람이 불어 기온이 뚝 떨어지더니 처마 밑에 떨어지던 물이 얼어서 고드름이 되었다.

6. 예시 답안

실험 방법	플라스틱 병 안에 물을 가득 담아서 냉동실에 둔다.
바뀐 모습	플라스틱 병이 뚱뚱하게 부풀었다.
물이 바위를 쪼갤 수 있는 까닭	바위틈에 흘러들어간 물이 겨울이 되면 꽁꽁 언다. 물이 얼음으로 변하면 부피가 늘어나기 때문에 바위틈이 벌어져서 바위가 쪼개진다.

♣ 29쪽

7. 예시 답안

　물이 수증기나 얼음으로 바뀌지 않으면 동물과 식물은 물론이고 사람도 살기 어려워진다. 강물은 모두 바다로 흘러드는데, 바닷물이 증발하지 않으니 물은 바다에만 머무를 것이다. 물이 증발하지 못하니 구름이 만들어지지 않아 비와 눈도 오지 않는다. 그러면 식물은 모두 말라죽는다. 겨울에 물이 한번 얼면 절대로 녹지 않아서 마실 물이 사라지니 동물이나 사람도 살기가 어렵다.

04. 『숨쉬는 항아리』

♣ 34쪽

1. 예시 답안

　옹기 겉면에는 보이지 않는 숨구멍이 많이 나 있는데, 그 구멍으로 공기가 드나들기 때문이다.

2. 예시 답안

순서	② → ① → ④ → ⑤ → ③
주의할 점	1. 옹기를 만들기 전에 흙에서 공기를 빼야 한다. 그렇지 않으면 가마에서 구울 때 터진다. 2. 옹기의 모양을 잡을 때는 중심을 잘 잡아 만든다. 그렇지 않으면 무너지기 쉽다. 3. 옹기를 말릴 때는 꼭 그늘에서 천천히 말린다. 햇빛을 직접 쬐면 옹기가 깨질 수 있다.

3. 예시 답안
▸ 독성이 없어 건강에 좋다.
▸ 다 쓰고 버릴 때에도 자연으로 돌아가 환경을 오염시키지 않는다.
▸ 숨구멍이 있어 된장이나 고추장을 맛있게 익도록 한다.
▸ 곡식을 담아 보관하면 벌레가 쉽게 생기지 않아 오랫동안 보관할 수 있다.

♣ 35쪽

4. 예시 답안

▸ 무늬를 그린 까닭 : 이런 무늬를 그린 까닭은 똥이나 오줌을 담았을 때 사람들이 보면 창피할 것 같기 때문입니다. 그래서 무엇이 들어 있는지 숨기려고 이렇게 그렸습니다.

♣ 36쪽

5. 정답
▸ ×, ○, ○, ×
▸ 해설: 옹기에 난 숨구멍은 공기만 드나들 수 있다. 벌레가 들어오지 못해 곡식을 보관하기도 한다. 또 김치를 부엌에 보관하면 익는 냄새가 심한 것은 사실이지만, 그 때문에 김치옹기를 땅에 묻는 것은 아니다.

6. 예시 답안

닮은 점	다른 점
김치가 맛있게 익도록 돕는다.	김치냉장고는 전기를 사용하고, 김치옹기는 그렇지 않다.
김치를 오래 보관할 수 있다.	김치냉장고는 집 안에 두고, 김치옹기는 땅에 묻는다.
곡식을 신선하게 보관할 수 있다.	김치냉장고에는 고기를 보관할 수 있지만, 김치옹기는 그럴 수 없다.

♣37쪽
7.예시 답안

　안녕하세요. 옹기 홍보대사 이행복입니다. 옹기는 자연산 흙으로 빚기 때문에 화학적으로 만드는 플라스틱 그릇에 있는 환경호르몬이 없습니다. 그래서 성조숙증에 걸릴까 봐 걱정하지 않으셔도 됩니다. 물이나 주스를 마실 때에도 숨쉬는 그릇인 옹기 컵을 사용하세요. 건강에도 좋고, 보기에도 아름다운 우리 그릇 옹기를 꼭 사용합시다.

05. 『용돈으로 집을 지은 돼지 삼 형제』

♣42쪽
1.예시 답안

　어른이 되어 돈을 잘 사용할 줄 알려면 지금부터 연습을 해야 하기 때문이다. 돈을 어떤 곳에 어떻게 쓸지 알뜰하게 계획을 세우고, 그 계획을 잘 실천해야 어른이 되어서도 돈을 잘 쓸 수 있다.

2.예시 답안
- ▸ 용돈을 꼭 필요한 곳에 쓸 수 있다.
- ▸ 용돈이 모자라서 쩔쩔 매는 일이 없다.
- ▸ 불필요한 낭비를 줄일 수 있다.

♣43쪽
3.예시 답안

　튼튼한 집 짓기를 목표로 정하지 않았으며, 이를 실천하기 위한 계획도 세우지 않았기 때문이다. 둘째 돼지는 집 짓기보다 사업을 우선했고, 막내 돼지는 여행을 우선했다. 그러다 보니 집 짓기에 쓸 돈과 시간이 모자랐다.

4. 예시 답안

　사고 싶은 물건이 생기거나 돈을 써야 할 일이 생기면 나에게 꼭 필요한지 고민해 본 뒤 결정을 해야 한다. 사고 싶은 물건이나 돈을 써야 할 일은 많지만 내가 가진 용돈은 부족하다. 따라서 돈을 쓰기 전에 꼭 필요한지 판단하고, 꼭 필요한 일이 아니면 돈을 쓰지 않는 습관을 들여야 한다. 필요한지 판단하기 어려울 때는 어른과 의논할 필요가 있다.

♣44쪽
5. 예시 답안

　예상하지 못한 일이 생겨서 급하게 많은 돈이 필요할 때를 대비해야 하기 때문이다. 심한 병에 걸려 병원에 가야 한다든지, 일자리를 잃고 쉬어야 한다든지 등 갑자기 많은 돈이 필요한 때가 생긴다. 저축해 놓은 돈이 없으면 이런 어려운 상황을 헤쳐 나가기 힘들다.

6. 예시 답안

집안일을 해서 용돈을 벌면 좋은 점	
나에게 맡겨진 일을 잘해야 돈을 벌 수 있다는 것을 배울 수 있다/집안일을 잘하게 되니 자신감을 키울 수 있다/가족들에게 도움이 되고, 나도 용돈을 더 많이 받을 수 있어서 좋다 등.	
집안일	받을 금액
신발 정리	100원
심부름	200원
화초에 물 주기	100원
식사 준비 돕기	200원

♣45쪽
7.예시 답안

1월				
날짜	내용	들어온 돈	나간 돈	남은 돈
1일	용돈 받음	3000원		3000원
2일	과자		1500원	1500원
3일	아이스크림		1500원	0원
4일				
5일				
6일				
날짜	내용	들어온 돈	나간 돈	남은 돈
7일	용돈 받음	3000원		3000원
8일				
9일	공책		500원	2500원
10일	지우개		500원	2000원
11일	슬라임		1000원	1000원
12일	과자		1000원	0원
13일				
고칠 점	첫째 주에는 간식을 사 먹는 데 모조리 써 버려서 돈이 일찍 떨어지는 바람에 필요한 학용품을 사지 못했다. 둘째 주에는 써야 할 곳에 먼저 썼지만 저축을 하지 못해서 아쉽다. 다음에는 더 아껴 쓰겠다. 그리고 집안일을 해서 용돈을 벌고 저축도 해야겠다.			

초등학생 문해독서 초급 3호 답안과 풀이

06. 『짜장 짬뽕 탕수육』

♣ 50쪽

1. 예시 답안
 종민이는 새로운 학교로 전학을 왔다. 교실에선 아이들이 서너 명씩 모여 이야기를 한다. 2학년 때 같은 반이었거나 얼굴을 아는 친구들끼리 모이기 때문에 종민이가 낯선 친구들 틈에 끼기가 쉽지 않다. 그래서 혼자 덩그렇게 자리를 지키고 있다.

2. 예시 답안
 '왕, 거지' 놀이는 왕은 높은 사람, 거지는 낮은 사람이 되어 공평하지 못하다. 거지가 된 친구는 다른 친구들에게 놀림을 받아 기분이 나쁘고 괴롭다. 그리고 아무리 볼일이 급해도 거지 자리에 줄을 서지 않고 참아야 하므로 불편하다. 그런데 '짜장 짬뽕 탕수육' 놀이는 어느 변기에서 볼일을 보든 맛있는 음식이 자신의 이름이 된다. 그래서 어느 변기를 사용하든 모두가 즐겁다. 그리고 볼일이 급할 때 참지 않아도 된다.

♣ 51쪽

3. 예시 답안

처음 전학 왔을 때	긴장하다, 초조하다, 설레다, 불안하다, 기대되다, 걱정스럽다 등.
거지라고 놀림 받을 때	속상하다, 괴롭다, 억울하다, 언짢다, 불쾌하다, 우울하다, 서글프다, 울고 싶다 등.
'짜장 짬뽕 탕수육' 놀이를 생각해 냈을 때	흥분하다, 설레다, 조마조마하다, 불안하다, 기대되다 등.
모든 친구들이 자신이 만든 놀이를 재미있어 할 때	자랑스럽다, 우쭐하다, 통쾌하다, 시원하다 등.

4. 예시 답안
 '점이 생겼어요' 놀이를 소개한다. 둘씩 짝을 지어 가위바위보를 한 뒤 이긴 사람이 진 사람의 얼굴에 점 모양의 스티커를 붙이는 놀이다. 상대를 바꿔 가며 반 친구 모두 같은 방법으로 놀면 끝난다. 이때 점이 가장 많은 친구가 엉덩이로 이름 쓰기 등 벌을 받는다. 이 놀이를 하면 점을 붙이면서 친구의 얼굴을 익힐 수 있다.

♣ 52쪽

5. 예시 답안
 ○○아, 안녕? 난 행복이야. 반 친구들이 놀려서 속상하지? 다른 친구들은 네가 발음이 정확하지 못하고, 묻는 말에 엉뚱한 대답을 한다고 놀리지. 그런데 나는 오히려 너의 그런 모습이 좋아. 착하고 순수하게 느껴지거든. 힘든 일이 있으면 나한테 얘기해 줘. 너의 친구가 되고 싶어. 그럼, 안녕.

6. 예시 답안
 먼저 거지가 된 적 있는 친구들에게 인사를 건네며 친해진다. 그런 뒤 주변 친구들에게까지 들리도록 큰 소리로 "우리집에 가서 짜장면 먹을래?"하며 관심을 끈다. 짜장면을 먹고 싶은 친구가 있다면 데리고 가서 음식을 나눠 먹으며 "앞으로 친하게 지내자."고 말한다. 그리고 전학을 오기 전에 학교에서 자주 하던 놀이를 친구들에게 알려 주고 신나게 논다.

♣ 53쪽

7. 예시 답안
 ①덩치 역할을 한 아이 : 화장실에서 '왕, 거지, 왕, 거지…' 하며 앞장서서 놀이를 이끌어 가는 것이 재미있고 우쭐한 느낌도 들었어요. 하지만 거지가 된 친구에게 함부로 말하고 놀리다 보니 내가 진짜로 나쁜 아이가 된 것 같아 기분이 좋지 않았어요.
 ②친구 1, 친구 2 역할을 한 아이 : 덩치가 하는 놀이를 따라서 하긴 했는데, 나도 언젠가는 거지가 되어 놀림 받을 수 있다는 생각에 불안했어요. 친구가 상처 받는 모습을 보면서 감싸주지 못하고, 오히려 놀리고 재미있어서 후회도 들었어요.
 ③종민이 역할을 한 아이 : 뭐라고 말해도 친구들이 듣지 않고 놀리기만 해서 답답하고 속상했어요. 계속 이런 놀림을 받으면 학교에 다니기 싫어질 것 같아요.

07. 『다다다 다른 별 학교』

♣ 58쪽

1. 예시 답안
▶ 나는 위로 별에서 왔다. 울고 있는 친구를 보면 언제나 곁으로 다가가 달래 주기 때문이다.
▶ 나는 번개 별에서 왔다. 번개처럼 빠르게 달리고, 어떤 질문에도 빠르게 대답하기 때문이다.
▶ 나는 부글부글 별에서 왔다. 약한 친구가 괴롭힘을 당하는 장면을 보면 속이 부글부글 끓기 때문이다.

2. 예시 답안
▶ 학교에 지각하지 않고, 제시간에 오는 비결을 본받고 싶다.
▶ 준비물을 잊지 않고 챙겨 오는 점을 본받고 싶다.
▶ 매일 10분씩 줄넘기를 하는 점을 본받고 싶다.

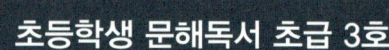

▶ 화초에 물 주기를 잊지 않고 제때 주는 방법을 본받고 싶다.

♣59쪽

3. 예시 답안
▶ 내가 먼저 다가가서 말을 건넬 것이다. 숨바꼭질 별에서 온 친구는 부끄럼이 많아서 친구에게 먼저 다가가 말을 건네는 일이 어렵기 때문이다.
▶ 숨바꼭질 별에서 온 친구와 같은 모둠이 되면 발표하는 일을 강요하지 않고, 하고 싶은 역할을 먼저 고르도록 배려할 것이다.

4. 예시 답안
▶ 나의 걱정주머니에 들어 있는 걱정 : 친구와 다투었는데, 영영 화해를 하지 못할까 봐 걱정이다/주말에 비가 와서 나들이를 못할까 봐 걱정이다 등.
▶ 짝꿍의 걱정주머니에 들어 있는 걱정 : 급식 시간에 매운 반찬이 나올까 봐 걱정이다/화초에 물주기를 깜빡해서 꽃이 시들까 봐 걱정이다 등.

♣60쪽

5. 예시 답안

좋은 점	나쁜 점
반듯반듯 별에서 온 친구들끼리 한 반이 되면, 무슨 일이든 다투지 않고 계획대로 이룰 수 있으니 편할 것이다.	반듯반듯 별에서 온 친구들끼리 한 반이 되면, 계획대로만 움직이니 지루하고 모험심도 생기지 않을 것이다.
장난쳐 별에서 온 친구들끼리 한 반이 되면, 장난거리가 넘치는 바람에 심심할 틈이 없이 재미있게 지낼 것이다.	장난쳐 별에서 온 친구들끼리 한 반이 되면, 수업 시간에도 장난만 치는 바람에 공부에 방해가 될 것이다.
숨바꼭질 별에서 온 친구들끼리 한 반이 되면, 서로 먼저 말을 건네거나 귀찮게 하지 않아서 학교 생활이 편할 것이다.	숨바꼭질 별에서 온 친구들끼리 한 반이 되면, 아무도 먼저 말을 걸지 않아서 하루 종일 심심할 것이다.

6. 예시 답안

	별 이름	특징
가족	엄마 아맛나 별	내가 먹고 싶은 음식을 언제나 맛있게 만들어 주신다.
가족	아빠 편들어 별	동생과 다투면 늘 동생 편만 든다.
가족	동생 뒹굴어 별	마트에서 장난감을 사 달라고 뒹굴며 떼를 쓴다.
친구	장○○ 맞장구 별	친구들이 말을 할 때 맞장구를 잘 친다.
담임 선생님	칭찬 별	수업을 마친 후, 매일 한 가지씩 칭찬을 해 주신다.

♣61쪽

7.예시 답안
  친구를 잘 사귀려면 나와 친구가 서로 성격이 다르고, 생각도 다르다는 사실을 알아야 한다. 사람은 저마다 다른 환경에서 다른 경험을 하며 살았기 때문이다. 친구와 의견이 다를 때 나만 옳다고 우기면 다투게 된다. 친구와 의견이 다를 때는 친구를 존중하는 마음을 가지고, 친구의 이야기에 귀 기울여 들어야 한다. 아무리 친한 사이라도 서로 다르다는 사실을 늘 기억한다면 마음이 상하거나 다투는 일이 줄어들 것이다.

08. 『칭찬 한 봉지』

♣66쪽

1.예시 답안
  마리가 소통 방법을 잘 몰라서 친구들의 마음을 상하게 했기 때문이다. 예를 들어 다른 사람이 말하는 중간에 끼어들거나, 다른 친구의 말투를 흉내 내는 행동을 했다.

2. 예시 답안
  자신의 잘못을 돌아보게 하기 위해서다. 마리가 한 봉지를 준비하려면 가족들에게 학교에서 있었던 일을 이야기해야 한다. 이야기를 나누다 보면 자신의 잘못을 깨닫고, 어떻게 해야 할지도 배울 수 있다.

♣67쪽

3. 예시 답안

마리와 놀 때 수찬이의 마음	윤아와 놀 때 수찬이의 마음
재미도 없고, 마음이 답답할 것 같다. 마리는 수찬이가 뭘 하고 놀고 싶은지 묻지도	마음이 편하고 신날 것 같다. 윤아는 수찬이가 뭘 하고 싶은지 물어보고, 수찬이가

않고, 자기가 놀고 싶은 대로 끌고 다니기 때문이다.	좋아하는 놀이를 함께 하기 때문이다.

4. 예시 답안

맞장구를 치면 상대의 말을 잘 듣고 있다는 신호여서 더욱 즐겁게 대화를 나눌 수 있다. 말할 때 상대가 듣기만 하면 이야기가 재미없거나 지루하지는 않은지 걱정이 되어 더 이상 말하고 싶지 않다. 하지만 상대가 맞장구를 치면 공감을 받는 것 같아 신이 나서 더 재미있게 말할 수 있다.

♣68쪽

5. 예시 답안

마리는 시합에서 진 친구들에게 최선을 다해 끝까지 열심히 한 점을 칭찬해야 한다. 예를 들어, "너희 팀이 끝까지 열심히 해서 경기가 재미있었어."라고 칭찬할 수 있다. 그러면 친구들은 기분이 좋아지고 마음도 편해져서 앞으로도 마리와 친하게 지내고 싶은 마음이 생길 것이다.

6. 예시 답안

> 다른 사람과 소통할 때 지켜야 할 태도
>
> 1. 친구가 말할 때는 끼어들지 말고 끝까지 듣는다.
> 2. 눈을 마주치고 고개를 끄덕이면서 듣는다.
> 3. 이야기를 들으면서 중간 중간 맞장구를 친다.
> 4. 친구와 놀 때는 무엇을 하고 싶은지 먼저 묻는다.
> 5. 친구가 실패를 하더라도 끝까지 최선을 다한 과정을 칭찬한다.

♣69쪽

7. 예시 답안

초등학생의 고민 가운데 1위가 '친구 관계'라고 합니다. 친구와 관계를 잘 맺으려면 예절 바른 대화 방법을 익혀야 합니다. 아무리 재미있는 이야기라도 예절을 지키지 않으면 친구의 기분이 상하기 때문입니다. 예를 들어 친구가 말하는데 중간에 끼어들어 자기 말만 하거나, 건성으로 들으면 안 됩니다. 친구의 생각을 묻고, 공감하는 말을 건네면 대화가 즐거워집니다. 그러면 상대는 나와 친하게 지내고 싶은 마음이 저절로 생깁니다.

09. 『쿵쿵이는 몰랐던 이상한 편견 이야기』

♣74쪽

1. 예시 답안

▶ 내 생각만 옳다고 주장하는 일이 많아지기 때문에 다툼이 자주 생길 것이다.

▶ 대다수의 친구와 다른 생각을 가진 친구는 손가락질을 받고 마음의 상처를 입을 것이다.

▶ 저마다 자신의 생각만 고집해 의사 소통이 잘 이루어지지 않을 것이다.

2. 예시 답안

남자애가 뜨개질이 다 뭐야!	고기를 못 먹는다고?
뜨개질은 여자만 해야 한다.	사람은 누구나 고기를 먹어야 한다.
남자가 왜 여자처럼 툭하면 울어?	여자애가 축구라니 정말 안 어울린다.
남자는 절대로 울면 안 된다.	축구는 남자만 해야 한다.

♣75쪽

3. 예시 답안

쿵쿵이의 생각	편견이 생긴 까닭
얼굴이 예쁘면 성격도 좋을 거야.	드라마에서 주인공은 예쁜 얼굴에 마음씨도 착하고, 주인공을 괴롭히는 역할을 맡은 사람은 못생기고 표정을 못되게 짓는 장면을 많이 봤기 때문이다.
백인이 흑인보다 더 똑똑해.	교과서에 백인은 자기가 하고 싶은 말을 잘 표현하고, 흑인은 어리숙하고 자신감 없이 말하는 장면이 많이 나왔기 때문이다.
인형은 여자아이만 가지고 노는 거야.	내가 어렸을 때 인형을 사 달라고 조르자 엄마가 인형은 여자만 갖고 노는 거라며 사 주지 않은 경험이 있다.

4. 예시 답안

흥부가 쌀을 달라고 했다가 욕심쟁이 놀부에게 쫓겨나는 장면은 형이면 반드시 동생을 도와야 한다는 편견을 심어 줄 수 있다. 흥부는 건강하므로 일을 해서 돈을 벌거나 형에게 쌀을 꾸고 나중에 갚겠다고 부탁을 해도 된다. 그런데 무작정 쌀을 달라는 것은 옳지 않다고 생각한다.

초등학생 문해독서 초급 3호 답안과 풀이

♣76쪽

5. 예시 답안

▶ 버락 오바마 : 미국에는 흑인이 백인보다 능력이 없다는 편견이 있다. 버락 오바마는 흑인 최초로 미국의 대통령이 되었다.

▶ 스티븐 호킹 : 루게릭병에 걸리면 곧 죽고, 장애인은 아무것도 할 수 없다는 편견이 있다. 그런데 루게릭병에 걸려 움직이지도 못하는 스티븐 호킹은 오래 살면서 우주의 신비를 밝히는 과학자가 되었다.

▶ 박지성 : 운동선수는 덩치가 커야 하고 평발이면 잘 뛰지 못한다는 편견이 있다. 박지성 선수는 키가 작고 평발인데도 열심히 노력해서 훌륭한 축구 선수가 되었다.

6. 예시 답안

마리는 친구들이 저마다 생김새도 다르고, 성격이나 행동도 다르다는 걸 받아들였다. 그래서 대화할 때 친구들에게 자신의 생각을 강요하지 않았다. 또 친구들의 생각을 귀담아 들어서 더 즐겁게 대화를 나누게 되었다. 친구들은 그런 마리를 인기가 최고라고 칭찬했다.

♣77쪽

7. 예시 답안

이 교과서를 그대로 배우면 남자는 태권도나 축구 등 운동을 하고, 여자는 무용이나 요리를 해야 한다는 편견이 생길 수 있다. 또 남학생은 장난을 심하게 치는 게 당연하고, 여학생은 아무 말도 못하고 힘들어 할 수밖에 없다는 편견도 심어 줄 수 있다. 이런 편견을 없애려면 태권도를 하는 여학생이나 무용을 하는 남학생을 등장시키면 된다. 누군가 여학생을 괴롭힐 때 괴롭히지 말라고 자기 마음을 당당하게 표현하는 장면도 넣을 필요가 있다.

10. 『교과서 속 세계 명작 파랑새』

♣82쪽

1. 예시 답안

틸틸과 미틸은 집이 가난해서 크리스마스 날 맛있는 음식도 먹지 못하고, 선물도 받지 못한다는 불만이 있었다.

2. 예시 답안

나를 불행하게 하는 것	나를 행복하게 하는 것
엄마의 잔소리, 학교 시험, 친구와의 싸움, 선생님에게 혼날 때, 애완동물의 죽음 등.	동생의 탄생, 엄마의 칭찬, 친구와의 약속, 받아쓰기 백점, 맛있는 것을 먹을 때 등.

3. 예시 답안

부모님의 사랑, 선생님의 칭찬, 친구와의 우정 등.

♣83쪽

4. 예시 답안

틸틸과 미틸이 그토록 찾아 헤맸던 파랑새는 누구나 가지고 싶어 하는 행복을 가리키지요. 파랑새가 틸틸과 미틸의 집에 있었던 까닭은, 행복이 멀리 있는 것이 아니라 항상 주변에 있음을 알려 줍니다. 맑은 공기를 마실 수 있는 행복, 아름다움을 느낄 수 있는 행복, 부모의 사랑을 받을 수 있는 행복처럼 말이지요. 하지만 사람들은 그것이 행복인지 모르고 지내는 경우가 많습니다. 행복은 누구나 가질 수 있고, 항상 곁에 있는 친구 같은 것이랍니다.

5. 예시 답안

위 사람들은 진정한 행복이 무엇인지 깨닫고, 자신이 불행하다고 생각하는 사람들에게 행복이 무엇인지 알려 주므로 행복 전도사로 임명합니다.

♣84쪽

6. 예시 답안

▶ 사람들이 더 행복해지려면 돈이 많아야 해. 왜냐하면 돈이 없으면 마음껏 먹고 좋아하는 것을 살 수 없어. 행복감을 느낄 때는 맛있는 것을 먹을 때, 장난감 등을 가지고 놀 때 등 내가 좋아하는 것을 할 때야. 모두 돈이 있어야 할 수 있고, 돈이 많으면 많을수록 할 수 있는 것도 많아지지.

▶ 사람들은 돈이 없어도 충분히 행복해질 수 있어. 왜냐하면 비싼 음식과 장난감을 갖는다고 해서 반드시 행복한 것은 아니야. 눈에 보이는 것보다 눈에 보이지 않는 것으로 인해 행복할 때가 더 많아. 예를 들어 아름다운 자연 경치를 감상하거나 주위 사람에게 사랑을 느낄 때 등처럼 말이야.

♣85쪽

7. 예시 답안

우리나라 초등학생들이 행복하지 않은 이유는 한창 뛰놀 시기에 학원을 서너 군데씩 다니고, 시험에 대한 스트레스가 크기 때문이다. 학생들이 행복해지려면 학습량을 좀 줄이고 또래 친구들과 자유롭게 놀 수 있는 시간을 늘려야 한다. 행복의 조건으로, 초등학생은 화목한 가정을 가장 먼저 꼽았고, 다음으로 건강과 자유를 중요하게 여겼다. 따라서 어른은 학생들의 행복 지수를 낮추는 원인을 없애고, 행복을 위해 필요하다고 생각하는 것을 채워 주기 위해 노력해야 한다.

 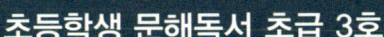

11. 『절대로 실수하지 않는 아이』

♣ 90쪽

1. 예시 답안
▶ 실수란 그림자다. 늘 나를 따라 다니기 때문이다.
▶ 실수란 소나기다. 갑자기 소나기가 오듯 실수도 언제 하게 될지 모르기 때문이다.
▶ 실수란 배에 난 구멍이다. 구멍을 발견하면 메우면 되듯 실수하면 고치면 되기 때문이다.

2. 예시 답안
▶ 밥을 먹다가 실수로 물을 엎질렀는데, 동생이 보더니 옷이 젖었다며 웃어서 창피했던 기억이 난다. 베아트리체도 다른 사람들 앞에서 창피를 당할까 봐 두려웠을 것이다.
▶ 수업 시간에 일어나서 책을 읽다가 잘못 읽는 바람에 아이들이 웃어서 창피했던 기억이 난다. 베아트리체도 친구들 앞에서 실수하면 웃음거리가 될까 봐 두려웠을 것이다.

♣ 91쪽

3. 예시 답안
　새로운 것을 배울 수 없다. 실수가 두려워 도전하지 않으면 경험이 점점 더 줄어 자신감도 사라진다. 어떤 일에 도전하고 실수하면서 힘든 마음을 느껴야 스스로 깨닫고 배울 수 있다. 실수를 이겨 내는 경험이 쌓이면 자신감이 생겨 무엇이든 쉽게 도전해서 더 많이 배울 수 있다.

4. 예시 답안
　1등은 하지 못했어도 최선을 다했다는 생각에 마음이 편해졌기 때문이다. 베아트리체는 절대로 실수해서는 안 된다는 부담감을 갖고 있었다. 그런데 장기 자랑 대회에 나가 처음 실수했는데, 결과보다 최선을 다해 준비한 과정이 더 중요하다고 여겼다. 그러자 마음이 편해졌고, 완벽해야 한다는 부담감에서 벗어날 수 있었다.

♣ 92쪽

5. 예시 답안
　실수 없이는 성공할 수 없기 때문이다. 실수 없이 처음부터 잘하는 사람은 없다. 예를 들어, 에디슨은 수많은 실패를 겪은 뒤 전구를 발명했다. 그는 2000번의 실패를 겪었지만, 자신은 실패한 적이 없으며 2000번의 단계를 거쳐 전구를 발명했을 뿐이라고 말했다. 성공하려면 수많은 실수를 경험해야 한다. 나도 성공하기 위해서는 수많은 실수를 해야 할 것이다. 실수를 소중한 경험으로 여기고, 실수를 줄이려고 노력하면 언젠가는 성공할 것이라고 믿는다.

6. 예시 답안
▶ 실수한 경험을 부모님이나 친구들에게 털어놓으면 마음이 편해져서 실수에 대한 두려움이 사라진다.
▶ 실수는 누구나 한다고 생각하면 실수를 두렵게 여기지 않게 된다. 실수할까 봐 두려울 때는 맛있는 것을 먹으며 책을 읽으면 마음이 편해진다.

♣ 93쪽

7. 예시 답안
　올해는 50쪽이 넘는 동화책을 더듬지 않고 매끄럽게 읽기에 도전할 것이다. 매일 아침 학교에 가기 전에 동화책을 10쪽씩 낭독하고, 녹음해 둔다. 자기 전에 녹음한 것을 들으며 어떤 실수가 있었는지 적고, 그 부분을 세 번 더 읽을 것이다. 그러면 내가 어떤 부분에서 자주 실수하는지, 실수하는 까닭이 무엇인지도 알 수 있다. 그 부분을 집중해 연습한다면 실수를 줄여 만족할 수 있을 것이다.

12. 『괴물 예절 배우기』

♣ 98쪽

1. 예시 답안

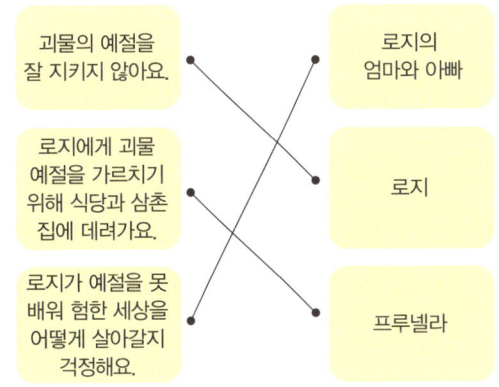

2. 정답

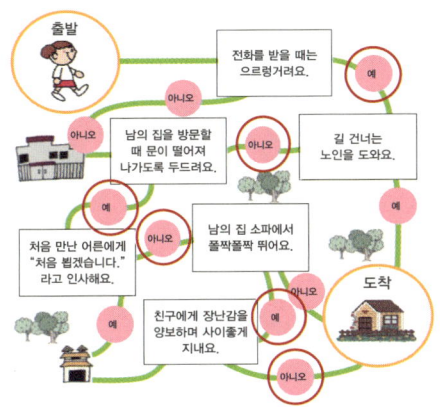

초등학생 문해독서 초급 3호 답안과 풀이

♣99쪽

3. 예시 답안

처음 전화했던 괴물들은 으르렁거리고 고함을 질러서 기분이 나빠 전화를 끊었을 것이다. 하지만 로지는 상냥한 목소리로 예의 바르게 부탁해서 바로 가겠다고 친절하게 대답했다.

4. 예시 답안

괴물 예절	바꾼 예절
지나가는 강아지를 이유 없이 발로 찬다.	그냥 지나가거나 쓰다듬어 준다.
남의 집에 놀러가서 초인종을 줄기차게 열 번이나 누른다.	초인종을 한 번 누른 뒤 주인이 대답을 할 때까지 기다린다.
어른을 만나면 발을 밟는다.	어른을 만나면 공손하게 인사한다.
식당에서 소란을 피우며 지저분하게 먹는다.	돌아다니지 않고 조용히 앉아서 깨끗이 먹는다.

♣100쪽

5. 예시 답안

상황	나의 예절(말이나 행동)
어머니께서 밥을 먹으라고 하실 때	몇 번을 불러도 대답하지 않는다.
아버지께서 회사에 가실 때	소파에 앉아서 대충 인사한다.
동네에서 친구의 부모님을 만났을 때	부끄러워서 그냥 지나간다.
할머니와 할아버지께 전화할 때	묻는 말에만 겨우 작은 소리로 대답한다.
고칠 점	
식사를 할 때는 어머니께서 부르면 하던 일을 멈추고 바로 간다. 아버지께서 출근하실 때는 현관 앞에서 "다녀오세요."라고 인사한다. 또, 동네 어른을 만나면 "안녕하세요." 하고 인사한다. 할머니와 할아버지께는 자주 전화 드리고 큰 소리로 또박또박 말한다.	

6. 예시 답안

1. 가족과 말할 때는 휴대전화를 보지 않는다.
2. 식사할 때는 텔레비전을 보지 않는다.
3. 예의 바른 말을 사용한다.

♣101쪽

7. 예시 답안

예의 바른 말을 쓰면 친구들과 사이좋게 지낼 수 있다. 얼마 전 우리 집에서 친구들과 보드 게임을 하려는데, 규칙을 모르는 친구가 있었다. 규칙을 설명해 주었지만 친구는 잘 이해하지 못했다. 빨리 게임을 하고 싶은데, 그 친구 때문에 못해서 큰 소리로 창피를 주었다. 그러자 그 친구는 기분이 상했는지 말도 하지 않았다. 미안하다고 말하기 쑥스러워서 한참 다른 친구하고만 놀았다. 하지만 마음이 불편해서 용기를 내 "아까 크게 소리 질러서 미안했어. 화를 풀고 같이 놀자."고 상냥하게 진심을 담아 얘기했다. 친구는 이 말을 듣고 난 뒤 마음을 풀어서 사이좋게 놀 수 있었다. 처음부터 게임 규칙을 친절하게 말했다면 기분이 상하는 일 없이 즐겁게 놀 수 있었을 것이다.